CB077960

Educação Hoje

Pedro Demo

Educação Hoje

"Novas" Tecnologias, Pressões e Oportunidades

SÃO PAULO
EDITORA ATLAS S. A. – 2009

© 2009 by Editora Atlas S. A.

1. ed. 2009 (5 impressões)

Capa: Marcio Henrique Medina
Composição: CriFer – Serviços em Texto

CÓPIA NÃO AUTORIZADA É CRIME
ABDR
ASSOCIAÇÃO BRASILEIRA DE DIREITOS REPROGRÁFICOS
RESPEITE O DIREITO AUTORAL

Dados Internacionais de Catalogação na Publicação (CIP)
(Câmara Brasileira do Livro, SP, Brasil)

Demo, Pedro
Educação hoje : "novas" tecnologias, pressões e oportunidades / Pedro Demo. – – São Paulo : Atlas, 2009.

Bibliografia
ISBN 978-85-224-5444-0
ISBN 978-85-224-6593-4 (PDF)

1. Comunicação 2. Educação – Finalidades e objetivos 3. Inovações educacionais 4. Inovações tecnológicas 5. Tecnologia da informação 6. Tecnologia educacional I. Título.

09-00759 CDD-371.33

Índice para catálogo sistemático:

1. Educação e tecnologias 371.33

TODOS OS DIREITOS RESERVADOS – É proibida a reprodução total ou parcial, de qualquer forma ou por qualquer meio. A violação dos direitos de autor (Lei nº 9.610/98) é crime estabelecido pelo artigo 184 do Código Penal.

Depósito legal na Biblioteca Nacional conforme Lei nº 10.994, de 14 de dezembro de 2004.

Impresso no Brasil/*Printed in Brazil*

atlas

Editora Atlas S. A.
Rua Conselheiro Nébias, 1384 (Campos Elísios)
01203-904 São Paulo (SP)
Tel.: (011) 3357-9144
www.EditoraAtlas.com.br

Para Lúcia, Gisela e Luana
– o trio da minha vida!

Sumário

Introdução

Enquanto nossas estatísticas atestam níveis baixíssimos de aprendizagem (DEMO, 2004), o cenário educacional atual aponta para a importância de "***aprender bem***". Esse apelo é turbinado principalmente pelo mercado que, no eco da antiga teoria dos recursos humanos, insiste na importância da qualidade educacional dos trabalhadores (LIN, 2002), por certo apenas como "recursos" (FRIGOTTO, 1998). Em meio ao discurso já monótono da "sociedade intensiva de conhecimento", parece claro que, provindo conhecimento da mente humana, sua qualidade acaba emergindo como "capital" maior. Esse tipo de "trabalho imaterial" (GORZ, 2005) consagra a antevisão de Marx em torno da "mais-valia relativa", que, embora ainda preliminarmente definida à época, detinha já a expectativa de transformação radical da produtividade econômica, com base em ciência e tecnologia (DEMO, 1998). A produtividade econômica não adviria principalmente do desgaste físico laboral, mas da inteligência do trabalhador, capaz de saber pensar a produção. Essa expectativa lançou novos termos em torno do conceito de capital: social, cultural, tecnológico, informacional, cognitivo etc., enfeixando a noção de recursos de ordem não material e não menos decisivos (LIN, 2002; BOLTANSKI; CHIAPELLO, 2002). O capital financeiro não se sentiu com isso acuado. Ao contrário, encontrou apenas uma parceria a mais, devidamente bem comportada. O resultado mais notável para o trabalhador foi a exigência galopante de aprimoramento da qualidade educacional, condição maior de sua "empregabilidade". Enquanto o capital foi desregulado quase que por completo (colhemos os frutos disso na crise financeira do segundo semestre de 2008), o trabalho não o foi, passando, visivelmente, a eco subalterno do mercado (DEMO, 2007). Comparando-se com os bons tempos do *welfare state*, esse talvez tenha sido o maior atraso ocorrido, pois mostrou cruamente que, no capitalismo, cidadania é subalterna. Como sempre, resta uma esperança: necessitando o sistema produtivo da qualidade formal do trabalhador, por essa porta pode entrar alguma qualidade política, já que é impraticável uma assepsia política completa. Se o trabalhador precisa aprender bem, aprender bem não se reduz, jamais, a questões técnicas, formais, muito menos a "treinamento".

Ao mesmo tempo, apareceu alguma rebeldia nos mundos virtuais, em particular com o advento da *web* 2.0, fascinada pela **autoria** dos usuários. Já antes houve movimentos de libertação virtual, sendo um dos ícones maiores os "*hackers*", sempre capazes de quebrar qualquer código digital, sem falar em concorrentes da Microsoft, pugnando por *softwares* livres (SUNSTEIN, 2006). A liberdade na Internet é bastante ilusória, além de cada vez menor, mas ainda é um campo relativamente transitável (GALLOWAY, 2004). Um dos produtos mais altissonantes é a Wikipedia, uma enciclopédia virtual de qualidade reconhecida, elevada por Benkler (2006) a "novo modo de produção", por ser construída por uma multidão de parceiros desinteressados, financeiramente falando. A questão do interesse material de mercado torna-se secundária ou sequer existe, satisfazendo-se os colaboradores com a noção de patrimônio comum. Esse tipo de "economia solidária" não rivaliza propriamente com o outro, de teor darwiniano, mas com ele convive, pelo menos por enquanto. No entanto, tem mostrado que as motivações humanas são muito variadas, não se reduzindo ao egoísmo materialista. Por conta disso, no ambiente da *web* 2.0 é comum o apelo à esfera pública *à la* Habermas (1989), na expectativa autoral de gente capaz de praticar a força sem força do melhor argumento, ou capaz de preferir a autoridade do argumento ao argumento de autoridade, procurando convencer, sem vencer (DEMO, 2005; 2008). Tornou-se tema preponderante o desafio da ***AUTORIA***, individual e coletiva, passando a referência central do que seria aprender bem. Misturam-se aí muitos aportes teóricos, em geral de sabor construtivista, maiêutico, autopoiético, interacionista, voltados para dinâmicas comprometidas com a habilidade de produzir conhecimento com autonomia, francamente avessas ao instrucionismo vigente.

Mesmo assim, talvez haja muito mais euforia do que práticas convincentes, a começar pela confusão comum entre conhecimento e informação, sem falar na possível tendência à superficialidade dos novos textos (CARLINER; SHANK, 2008). Não é à toa que o professor vem muitas vezes definido como "facilitador", envolto numa ambiguidade mais que proverbial: "facilitar" pode significar, mormente entre nós, tornar tudo mais fácil, banal e reduzido; em outros ambientes, "facilitar" pode assumir a pretensão maiêutica de intermediação questionadora. Um dos resultados mais comuns da leitura na tela do computador é que os textos precisam ser menores, mais repletos de imagens, mas atraentes e soltos, o que pode facilmente evitar desafios de entendimento mais profundo e exigente, exacerbando a acusação provocativa de "amadorismo" virtual (KEEN, 2008) do "*homo zappiens*" (VEEN; VRAKKING, 2007). Talvez isso já faça parte das assim ditas "novas epistemologias" (GOLDBERG, 2000; DEMO, 2001), em particular dos textos coletivos, vistos como regra também muito ambiguamente: há os que esperam deles milagres de criatividade, à sombra da "inteligência coletiva" (muitas mentes interconectadas se tornariam mais inteligentes) (SEGARAN, 2007), algo que seria próprio dos ambientes da *web* 2.0 (O'REILLY, 2005; 2006); mas há os que se preocupam com ideias coletivas, em geral mais frouxas, facilmente impostas e manipuladas, tendo em vista que só poderia ser medíocre aquilo em que todos acreditam... No meio não fica só a virtude; fica sobretudo a mediocridade. Essa saudade do gênio individualista está sendo questionada em nome do trabalho em equipe, que se tornou, também nas empresas, referência fundamental. Faz parte igualmente do aprender bem.

Essa pretensão assaltou também o professor, cuja aula está hoje exposta à execração pública. Antes signo inconfundível e intocável de sua autoridade, agora, flagrada como cópia da cópia, em especial no mundo das apostilas e cartilhas, passa a signo da mediocridade docente. Finalmente, temos uma "apostila" amplamente disponível: a Internet. Nela, virtualmente, acha-se tudo, ou quase... O professor, em vez de definido pelo ensino, prefere-se definir pela aprendizagem: professor é quem, mais que outros, sabe aprender bem (DARLING-HAMMOND; SYKES, 2008). Por saber aprender bem, poderia contribuir para que outros também aprendam bem. Um dos resultados (já correntes em outros ambientes mais avançados) é: aula pode continuar, mas ***só do que se produz***. Ou seja, o que define o professor é autoria, não aula. Por isso, pesquisa é vista como fundamento docente e discente (DEMO, 2008), não só para **construir conhecimento**, mas igualmente para pleitear **formação melhor**. Não faz mais parte do aprender bem necessariamente aula, mas sim pesquisa, elaboração, construção/desconstrução/reconstrução de conhecimento em nome também da formação, podendo encontrar essa pretensão suporte flagrante na *web* 2.0 (SHUEN, 2008).

Pretendo aqui analisar tais expectativas, à luz *das novas tecnologias*, imprimindo tom crítico, com o objetivo de não sucumbir a determinismos e panaceias (CASTELLS, 2003). A pergunta maior que coloco é: até que ponto temos *oportunidades melhores* de formação em tais ambientes...; ou que condições seriam necessárias para torná-los oportunidades para todos... Nas novas tecnologias aparece um lado peremptório, já que não haveria como colocar a pretensão de se livrar delas. Não são apenas fato consumado, são sobretudo parte de nossa existência atual. Mas, como se sugere na *web* 2.0, elas deveriam sustentar processos de *autonomia e autoria*, não de alinhamento imbecilizante, como ocorre em apostilas e cartilhas. Ao mesmo tempo, tudo isso coloca *desafios* ingentes sobre a educação e seus atores principais (professores, escolas, alunos), marcando transformações mais profundas do que se imaginam e por vezes não menos dolorosas. Como sugere Plant (1999), "*mudaram a mudança*"! Esta se tornou muito mais convulsionada, rápida, abrangente, *fora de controle*. Aliás, mudança sob controle, como querem instituições educacionais (facilmente se apresentam como donas da mudança, a exemplo da universidade e dos cursos de pedagogia) (FRIED,

2005), não muda nada, pois não passa de autodefesa contra mudanças.[1] Os "novos desafios" requerem, como sempre se alega, qualidade educacional dos atores, dentro do chavão neoliberal de que a qualidade educacional da população é a verdadeira riqueza das nações (DUDERSTADT, 2003). No entanto, as instituições educacionais, não raro, são *obstáculo às mudanças*. Assim, ao mesmo tempo em que precisamos loucamente da pedagogia, esta, como se faz entre nós, representa principalmente o atraso. De um lado, a inclusão digital mais apropriada, digna e justa, é aquela que se faz pela via da alfabetização nas mãos do pedagogo alfabetizador; de outro, poucos profissionais estão mais distantes do desafio de uma pedagogia "pedagogicamente correta" e "tecnologicamente correta". Os desafios não são mais apenas "modernos" (DEMO, 1994), mas "pós-modernos" (apesar dos laivos banais dessa terminologia) (DEMO, 1999).

[1] Veja livro de Souza (2004) sobre "Revolução gerenciada", escrito depois de passar oito anos como Ministro da Educação do Governo FHC. Tipicamente megalômano e sem autocrítica, não poderia ser mais fútil do ponto de vista acadêmico.

1 Expectativas: Euforias e Vazios

Temos com tecnologia uma relação *sui generis*. Mesmo sendo meio e criatura nossa, ela acaba se impondo como fator decisivo de mudança, por ser, ao mesmo tempo, resultado e promotor de mudança. Lembra o pecado bíblico da revolta da criatura contra o criador: Adão e Eva comeram dos frutos da *árvore do conhecimento*, seguindo a tentação satânica de se tornarem como deuses. Conhecimento aparece como habilidade humana capaz de insuflar pretensões para além da condição de criatura, tendo como um de seus móveis mais comuns a descoberta de novas tecnologias. Não é à toa que as eras se definem preferencialmente pelas descobertas tecnológicas (era do ferro, bronze; era da agricultura; era da produção industrial; era da informática), não raro com a sugestão materialista de que as tecnologias materiais seriam determinantes. Com efeito, há 40 mil anos, os seres humanos viviam ainda em cavernas. Entrando em cena tecnologias cada vez mais sofisticadas e efetivas, impusemos ritmos acelerados de mudança à nossa volta, atingindo velocidade estonteante ultimamente. Hoje vivemos em cidades muito rebuscadas, como Nova York, Londres, Paris, Tókio. Comparando uma caverna com Nova York, tem-se uma ideia da nossa capacidade de mudança, em especial tomando-se em conta que 40 mil anos, para o ritmo evolucionário, não é nada. Adão e Eva estavam desafiando a Deus, seu criador, como nós desafiamos a natureza (e, segundo religiões, a Deus), quando pretendemos mudar tudo a nossa volta, inclusive nosso corpo e nossa mente, uma das ânsias mais marcantes das novíssimas tecnologias e engenharias genéticas, da clonagem, do genoma, da informática etc.

Essa relação *sui generis* com tecnologia ressalta o *insight* de Maturana e Varela (1994) em torno da *autopoiese*: todo ser vivo detém em si dinâmica autoformativa que se traduz em níveis possíveis de autonomia, impulsionada principalmente por processos de aprendizagem de dentro para fora, de teor reconstrutivo, interpretativo, autorreferente (MATURANA, 2001; DEMO, 2002). Em geral, todo ser vivo nasce pequeno, frágil, necessitando de cuidados extremos, mas, aos poucos, em interação com outros seres vivos, com a natureza externa e consigo mesmo, vai se autoformando, tornando-se, até certo ponto, ***autor*** da própria vida. Todo ser vivo é criatura capaz de se autocriar, em certa medida (SIMONDON; HART, 2001). Aprender, por isso, é também a habilidade de se autocriar. Tecnologia faz parte daqueles meios que facilmente nos tornam também meios, em geral em sentido pejorativo. Mas há aí também uma relação natural, se observarmos que, quando criamos tecnologias, também somos recriados por elas (HAYLES, 2008). Isso é tanto mais visível nas novas tecnologias, em especial porque pretendem envolver-se profundamente em processos de aprendizagem. Elas fazem parte agora das "novas alfabetizações" (KIST, 2005; KNOBEL; LANKSHEAR, 2007; LANKSHEAR; KNOBEL, 2003; 2006; COIRO et al., 2008) ou das "multialfabetizações" (ANSTAY; BULL, 2006; COPE; KALANTZIS, 2000), tornando, entre outras implicações, a experiência virtual, em parte, integrante do modo de existir real atual, pelo menos para muitos jovens (MASSUMI, 2002; HAYLES, 2005; 2008). Não se trata de simplesmente aplaudir tais transformações. Ao contrário, do ponto de vista educacional, há sempre que sopesar do que se trata ao final. Crescentemente, processos de aprendizagem se envolvem com novas tecnologias, obrigando as instituições educacionais e a pedagogia a se reverem radicalmente.

1.1 Euforias

Novas tecnologias costumam incitar euforias, seja pela sugestão de reinventar a história e a roda, seja pela antevisão de futuros obscuros. Segundo a crítica de Carliner e Shank (2008), em 2003 previa-se que 50% de toda formação no trabalho seriam feitos *on line*; na prática, porém, hoje essa percentagem gira entre 15 e 25% apenas.[1] Na academia a promessa era de acabar com a aula e, em parte, com o professor, mas nada disso ocorreu. Esperava-se também qualidade e eficiência muito mais elevadas da aprendizagem virtual (*e-learning*),[2] mas atualmente considera-se que modalidades virtuais e não virtuais possuem as mesmas chances de qualidade e eficiência.[3] As instrumentações tecnológicas não são, em si, decisivas, porque apresentam nada mais que oportunidades outras de estudo, dependendo qualidade e eficiência principalmente dos interessados (professores e alunos) (SHANK, 2008:17). Por vezes escuta-se que alunos "não presenciais" possuem melhor desempenho, não porque sejam propriamente não presen-

---

1 Segundo Shank (2008:16), em 2000, esperava-se que 53% da aprendizagem corporativa seria *on line* por volta de 2003; chegou-se a apenas 10 a 20%.

2 Traduzo *e-learning* por "aprendizagem virtual", incluindo aí também modalidades ditas a distância, ainda que estas não sejam necessariamente virtuais.

3 Veja *site* dedicado a tais comparações, partindo da hipótese da diferença não significativa: <http://www.nosignificantdifference.org/>.

ciais, mas porque, sendo em geral mais maduros, se envolvem mais com o estudo (PALLOFF; PRATT, 2001; 2005). No entanto, vai se estabelecendo o reconhecimento de que aprendizagem virtual exige maior intensidade de trabalho e mais recursos. A perspectiva de "baratear" a oferta não parece vingar. As atividades *on line* dependem das *off line*: qualidade do conteúdo, processos gerenciais, suporte para os alunos, qualidade docente, ambiente de estudo e pesquisa etc. Por isso sugere Shank (2008:15): "Educação em geral, e aprendizagem virtual em particular, sofrem de um forte caso de hipérbole; pretensões fortes são levantadas, sem que estejam enraizadas nem em pesquisa sólida, nem nascidas da prática."

Tanto fornecedores de equipamentos, quanto a imprensa em geral tendem a exacerbar os efeitos da aprendizagem virtual, numa corrida fátua atrás da "*next big thing*" (próxima coisa grande ou estardalhaço), enquanto instituições educacionais tendem a usar novidades tecnológicas para manter formas tradicionais de ensino. A mais conhecida é enfeitar a aula instrucionista, sem falar nos abusos da "distância", cujo formato mais criticado é ter aulas encurtadas em fins de semana apenas.

> "Profissionais da aprendizagem apostaram em meias verdades simplistas que são fáceis de digerir, mas levam a resultados menos do que satisfatórios. De fato, quando profissionais do treinamento primariamente de países na União Europeia foram entrevistados sobre suas visões da qualidade da aprendizagem virtual baseada na usabilidade, *design*, conteúdo e interatividade, mais da metade expressou que a qualidade da aprendizagem virtual existente era pobre ou razoável. Só 6% a avaliaram como muito boa ou excelente. De modo similar, conforme outro estudo, por volta de 75% das implementações no trabalho de aprendizagem virtual mostraram-se menos do que satisfatórias" (SHANK, 2008:20).

No entanto, também houve êxito, ainda que moderado (por volta de 25% de satisfação). Enquanto a imprensa aprecia noticiar grandes fracassos (*high profile failures*), deixou de perceber que muitas tentativas focadas em como vincular tecnologias com aprendizagem estão dando certo. O foco precisa sair na obsessão competitiva (estudo *on line* × sala de aula; substituição da sala de aula; presencial × não presencial) para tomar a sério modos de fomentar estilos mais colaborativos, envolventes e também críticos de aprender bem. O modo de organizar e fazer é que decide a qualidade da aprendizagem, mais do que tecnologias simplesmente.

> "Aprendizagem virtual não substituiu a sala de aula e não parece predestinada a isso. Seduzidos por custos potenciais mais baixos, executivos no trabalho e administradores em universidades e escolas não tinham consciência de que aprendizagem virtual toma, em média, 5,5 vezes o montante de desenvolvimento a mais do que cursos em sala de aula e, em ambientes universitários, requer mais esforço para ensinar por conta da necessidade de auxílio individual, lidar com frustrações do estudante e assistir aos estudantes com tecnologias do curso" (Id.:22).

Parece haver um ciclo comum na adoção de novas tecnologias: primeiro vem o espalhafato; segundo, mostrando-se infundadas tamanhas expectativas, chega a desilusão; terceiro, aprendendo da prática, observa-se que há oportunidades pertinentes, não, porém, automáticas. Ademais, é comum que a novidade chegue apenas para aprimorar coisas velhas, antes de se perceber que as novas tecnologias podem proporcionar um novo modo de trabalhar. As tecnologias em si não são "culpadas", mas os fanáticos e aproveitadores delas. Por exemplo, advindo a lousa eletrônica, sobre a qual se pode escrever/desenhar digitalmente, sendo ainda possível copiá-la no computador dos alunos com um clique, pode ser usada da maneira mais instrucionista possível (como nos cursos de vestibular), ao invés de representar oportunidade diferenciada de estudo participativo e visualmente mais atraente. Torna-se fundamental aliar, nesse assunto, dois horizontes: tomar as novas tecnologias criticamente; requerer delas que fomentem o pensamento crítico. No contexto neoliberal, é flagrante o incitamento ao consumo passivo delas, compondo bem basbaquice com imbecilização.

Olhando para trás, não se escapa de reconhecer que as projeções iniciais da aprendizagem virtual não alcançaram realizar-se, como aponta Driscoll (2008). Aprendizagem virtual era, até ao fim do século, parte central do *show* virtual, prometendo mundos e fundos, com crescimento de dois dígitos ano a ano. Na prática, a adoção foi mais lenta e a aceitação dos alunos foi menos entusiasta. Leve-se em conta que aprendizagem virtual representava pretensão corporativa ostensiva, dentro das teorias do capital social (LIN, 2002), apostando-se em redução de custos com "treinamento" dos trabalhadores, maior eficácia mensurada em melhoria da produtividade, economia de tempo e condições ampliadas de competitividade. Acenava-se com benefícios garantidos do "sistema de gestão de conteúdo de aprendizagem" (*Learning Content Management System*) (ROBBINS, 2002), através do qual se poderia orquestrar toda a aprendizagem *on line*: capacitar expertos, fazer *design* dos cursos, criar, transmitir e medir resultados... Como diz Driscoll (2008), os primeiros beneficiários foram as empresas patrocinadoras e seus fornecedores. Ao lado de Robbins, apareciam outros arautos entusiasmados (HALL, 2000; WALKER, 2002; ROCHESTER, 2002), cujas promessas podemos sumariar nas de Rubenstein um pouco menos extravagantes (2003:38):

> *"If you're well versed in e-learning, you can identify the three promises of e-learning or distance education (i) to deliver instructionally sound learning programs to mass audiences at a fraction of the cost of traditional learning systems; (ii) to empower learners to take more control over their learning experiences; and (iii) to provide learning opportunities for wider audiences who have varied learning styles and require more flexible schedules.".*[4]

[4] "Se Você for bem versado em aprendizagem virtual, pode identificar as três promessas da aprendizagem virtual e da educação a distância: (i) transmitir instrucionalmente programas sadios de aprendizagem para audiências de massa a uma fração do custo dos sistemas tradicionais de aprendizagem; (2) empoderar os aprendizes a tomarem maior controle sobre suas experiências de aprendizagem; e (3) providenciar oportunidades de

Particularmente extravagante foi a proclamação de J. Chambers (MOORE; JONES, 2001), executivo maior da CISCO, de que aprendizagem virtual seria "*the next killer application*" (a próxima aplicação matadora).[5]

> "International Data Corporation (IDC) providenciou as estatísticas de crescimento mais amplamente citadas, prenunciando em 1999 que o mercado global corporativo de aprendizagem virtual cresceria de US$ 3,4 bilhões em 2000 para 6,4 bilhões em 2001, e para US$ 23 bilhões em 2004 – uma taxa de crescimento anual composta de 69%. Embora os números específicos diferissem, outros analistas predisseram crescimento similar meteórico. Por exemplo, a firma de investimento Merrill Lynch estimou que o mercado de aprendizagem virtual cresceria de US$ 3,5 bilhões em 2001 para mais de $ 25 bilhões em 2003. No relatório de 2000, The Emerging e-Learning Industry, SRI predisse que o mercado corporativo de aprendizagem virtual excederia US$ 20 bilhões por volta de 2005. Junto com essas predições, os expertos em treinamento corporativo predisseram declínio dramático no papel da aprendizagem em sala de aula no treinamento corporativo. Em 2000, The Corporate University Xchange predisse que a aprendizagem virtual representaria 40% do treinamento corporativo por volta de 2003, sendo que a aprendizagem em sala de aula ocuparia a maior parte dos outros 60%. O Gartner Group ofereceu uma previsão ainda mais agressiva, dizendo que em 2003, o treinamento tradicional em sala de aula representaria menos de 30% de todos os programas de treinamento formal corporativo" (DRISCOLL, 2008:33).

Tornava-se, então, refrão da economia do conhecimento que os empregados enfrentariam rápida obsolescência do conhecimento e a permanente necessidade de refazer a formação. Falava-se de "guerra pelo talento", cuja usina poderia ser a aprendizagem virtual. Especialmente enfática ecoava a proposta de Moe (2000), fincada na "web do conhecimento" e financiada por Merrill Lynch, e que já ameaçava as universidades com a competição por estudantes corporativos, bem como as corporações:

> "Enquanto os recursos da economia fisicamente baseada eram carvão, óleo e aço, os recursos da economia nova, baseada em conhecimento, são o poder da mente (*brainpower*) e efetivamente adquirindo, transmitindo e processando informação. Os que fossem adequadamente educados e treinados seriam aqueles capazes de sobreviver economicamente e florescer em nossa economia global, fundada em conhecimento. Os que não forem, serão deixados como economicamente obsoletos" (DRISCOLL, 2008:34).

---

aprender para audiência mais ampla que possuem estilos variados de aprendizagem e requerem horários mais flexíveis'" (apud DRISCOLL, 2008:32).

[5] Acrescentava Chambers: "*It's so big, it's going to make e-mail look like a rounding error*"... (DRISCOLL, 2008:33).

Face a tais euforias, sempre se evitaram estudos sobre possíveis desacertos, a não ser após o fracasso da bolsa digital. Mesmo depois disso, os fracassos tenderam a ser percebidos numa linguagem marcada por eufemismos: lições aprendidas, armadilhas a serem evitadas, estratégias para sucesso, desafios. Em geral, atribuíram-se os fracassos a quatro temas: "(i) barreiras organizacionais, nas quais dada organização não se preparou apropriadamente para sustentar seu esforço de aprendizagem virtual; (ii) problemas pedagógicos, nos quais os programas de aprendizagem virtual não efetuaram os resultados pretendidos; (iii) problemas técnicos, nos quais a tecnologia selecionada não deu conta das necessidades reais ou resultou em alguma outra dificuldade não antecipada; (iv) problemas financeiros, nos quais o projeto de aprendizagem virtual foi subfinanciado e, por isso, não pode produzir os ganhos antecipados" (DRISCOLL: 2008:37). No caso das *barreiras organizacionais*, apareceram cinco itens: falta de atitude culturalmente favorável à mudança; inépcia em comercializar os programas; objetivos mal definidos; gestão inadequada; expectativas confusas. A questão mais citada sempre foi a inapetência cultural. Quanto a *problemas pedagógicos*, aduziram-se principalmente inabilidade em focar os alunos e em usar a aprendizagem virtual com tom individualizado. Relativamente a *problemas tecnológicos*, sublinharam-se três temas: baixo envolvimento tecnológico, baixa integração na vida das pessoas, uso de tecnologia pela tecnologia. Quanto a *problemas financeiros*, a questão chave sempre foi a subestimação dos custos, descobrindo-se rapidamente que aprendizagem virtual é tendencial mais dispendiosa.

1.2 Olhando criticamente

Driscoll procura outra explicação para os desacertos, ilustrados na Tabela 1.

Tabela 1.1 *Uso de diferentes mídias para oferta de treinamento – 1999-2004 (%).*

	Sob condução do professor (sala de aula)	Sob condução do professor (a partir de localização remota)	Pelo computador (sem professor)	Outros
1999	73	Na	14	13
2000	73	6	13	9
2001	77	5	11	7
2002	74	7	12	7
2003	69	10	16	5
2004	70	8	17	5

Fonte: Training Magazine's Annual Industry Report (1999-2004) (DRISCOLL, 2008:38).

Vê-se que sala de aula continuava por volta de 70% da oferta em 2004, quase no mesmo nível de 1999. A oferta pelo computador (sem professor) subiu de 14 para 17%, nesse período, também um resultado bem magro. Embora se possam sempre alegar resistências inoportunas (EVANS, 2001; STOLL, 1999), parece fato que a evolução da aprendizagem virtual é muito mais lenta do que se esperava. Mais surpreendente ainda foi a relativa queda de investimento: passou de US$ 54,0 bilhões em 1999 para US$ 51,4 bilhões em 2004. Deve ter tido influência nessa queda a prática do "*outsourcing,*" e "*outtasking*",[6] que empurram atividades para firmas de terceiros. Assim, lendo os números em suas entrelinhas, surge outra explicação que ressalta três fatores para o fracasso: (i) em primeiro lugar, modelos impróprios pedagógicos que não alcançaram desenhar adequadamente o que seria aprendizagem virtual; (ii) confusões constantes entre tecnologia de aprendizagem virtual e tecnologia de produtividade; (iii) limites crescentemente borrados entre aprendizagem e trabalho. Foi comum fazer com novas tecnologias as mesmas coisas velhas. Ao mesmo tempo, sabe-se que 70% da aprendizagem são de cariz informal no trabalho e que as tecnologias tendem a sustentar sobretudo esse tipo informal de aprendizagem. Enquanto trabalhadores tradicionais gostavam de prescrições detalhadas e indiscutíveis, trabalhadores novos preferem agir sem *script* rígido e preparar-se para novos desafios.

Impressiona certamente a presença enorme da aprendizagem informal: 53% de usuários adultos da Internet procuraram *on line* apoios para pesquisa na escola e no trabalho; 8% de adultos usam todo dia Internet *on line* para pesquisar para a escola e trabalho; 52% fizeram pesquisa de trabalho *on line*; num dia típico, 16% de usuários da Internet estão *on line* fazendo pesquisa de trabalho.

> "Em 2004, *surveys* da Pew Internet e American Life revelaram que mais de quatro em dez americanos *on line* fazem *instant message*. Isto reflete por volta de 53 milhões de adultos americanos que usam programas de *instant messaging*. Por volta de onze milhões deles fazem *instant messaging* no trabalho e estão se tornando aficionados de sua capacidade de promover a produtividade e a cooperação *interoffice*" (LENHART, 2004).

"Dois *surveys* feitos pela Pew Internet and American Life Project estabeleceram novos contornos para a blogosfera: oito milhões de adultos americanos dizem ter criado *blogs*; leitura de *blog* cresceu 58% em 2004, abrangendo 27% dos usuários da Internet; 5% dos usuários da Internet dizem usar agregadores de RSS ou leitores XML para obter notícias e outra informação transmitida de *blogs* e *websites* de conteúdo rico à mediada que é postado *on line*; e 12% dos usuários da

---

6 *Outsourcing* is the process of shifting, delegating, and transferring an entire service or function normally done in-house to third-party service providers. *Outtasking* is the process of taking isolated job activities that are not part of the core competencies of an organization and assigning them to contractors and third-party service providers" (DRISCOLL, 2008:41).

Internet postaram comentários ou outros materiais em *blogs*" (RAINES, 2005).[7] Ofertas formais, inclusive da escola e universidade, mantêm seu posto tradicional, mas crescem as oportunidades informais, à medida que o acesso à Internet se espraia exponencialmente. Aprender é coisa de todo dia, toda hora, em qualquer lugar, desde que haja conexão virtual disponível. Esse talvez tenha sido o maior êxito da aprendizagem virtual.

Os professores, por sua vez, possuem estórias resistentes para contar, como anota Wilson e Christopher (2008). Algumas fazem algum sentido, como a saudade do contato direto com o aluno, sem falar que este também frequentemente reclama que o professor virtual nunca está lá... Talvez a maior saudade sejam as aulas, que sempre foram sua arma e autoridade, e, ademais, davam menos trabalho. O professorado se ressente de ter de trabalhar mais pelo mesmo salário, sem falar que muitos desconfiam das novas tecnologias por lhes representarem ameaça a seus empregos. Na verdade, essa ameaça não é real, porque professores são indispensáveis na relação de aprendizagem, por mais que a parte informal cresça muito. Ocorre que é preciso redefinir o papel do professor: em vez de "instrutor", passar para orientador maiêutico, "*coach*". Certas encenações caducam, claro: abuso da retórica e de dinâmicas de grupo para reter a atenção, presença física obsessiva e transmissão instrucionista de conteúdos, avaliações muito unilaterais e autoritárias... Em parte, falta capacidade de mudança no professorado, por mais que costume vender-se à opinião pública como fator essencial de mudança (OWENS, 2004).

Apostou-se em demasia na "gestão do conhecimento" (GC), que Horton (2008) caricatura como "cemitério" de onde não surgiram boas ideias. Primeiro, achava-se que conhecimento seria linearmente administrável como qualquer produto, ignorando sua dinâmica disruptiva criativa. Quase sempre se reduz conhecimento a informação (BRECK, 2006). Esta, sendo conhecimento congelado, formatado e digitalizado, tem cara de produto linear e pode ser enquadrada em gerenciamento estrito. Segundo, movida a espalhafato, gestão de conhecimento prometeu o que não podia, como ocorre com muitas tecnologias novas. Mesmo assim, a ideia pode ser pertinente, se por ela entendermos o esforço e o compromisso de cuidar sistematicamente da aprendizagem dos alunos e da qualidade docente e tecnológica. Tendencialmente, trata-se de ambientes neoliberais corporativos voltados à competitividade frontal.[8] Horton apresenta definição própria:

---

[7] As citações de Lenhart e Raines podem ser vistas também em Driscoll (2008:47).

[8] Segundo o Google, "gestão de conhecimento" (GC) é a prática de armazenar e explorar capital intelectual para ganhar vantagem competitiva e compromisso de cliente através da eficiência, inovação e tomada de decisão mais rápida e mais efetiva. GC é a estratégia e processos para capacitar a criação e fluxo de conhecimento relevante através do negócio para criar valor organizacional, de cliente e de consumidor. Colocado sucintamente, GC é o processo pelo qual as organizações geram valor a partir de recursos intelectuais e baseados em conhecimento. Um esforço para capturar ou incentivar a experiência e sabedoria coletiva de uma organização – incluindo o *know-how* tácito que existe na cabeça das pessoas – e tornar acessível e útil a cada um na empresa. GC real é muito mais do que gerir o fluxo de informação. Significa nada menos que tornar livre o

GC é como grupos de pessoas se tornam coletivamente mais espertas (2008:82). Tem a seu favor que não confunde informação e conhecimento, mas não apreende bem a marca desconstrutiva, reconstrutiva do conhecimento. Como sugerem Parrish (2008:218) e Lowerison et al. (2008:424), não faz sentido entregar-se a "adoções cegas" ou a "entusiasmos ligeiros", já que educadores precisam profissionalmente cultivar espírito crítico.

1.3 Em suma

Dessa análise podemos extrair algumas conclusões quanto à aprendizagem digital, deixando para abaixo um estudo mais acurado das promessas, em especial inspiradas na *web* 2.0 (SHANK, 2008a). Como depois da euforia costuma vir a desilusão, parece-nos que ambas são impróprias: a euforia é imprópria porque novas tecnologias não reinventam a roda, nem acabam com o passado; a desilusão é imprópria, porque é bem possível imaginar horizontes adequados de aprendizagem virtual, sem panaceia e determinismo tecnológico. Um hiato que preocupa sobremaneira é aquele ainda vigente entre a pedagogia e as novas tecnologias, já que ambas se ignoram. Nesse trejeito, leva a pior invariavelmente a pedagogia, já que as novas tecnologias são fato mais que consumado e não se dignam esperar pela pedagogia. Turbinadas pelo mercado neoliberal, agem como fogo abrasador que a tudo queima sob sua pressão, ainda mais se tomarmos em conta as distâncias geracionais: enquanto as novas gerações se dão bem com elas, as mais antigas se ressentem visivelmente e podem só resistir.

No entanto, a pedagogia sofre apenas uma aparente derrota, porque o percurso até agora andado pela aprendizagem virtual reconhece, cada vez mais, que a parceria pedagógica lhe é simplesmente essencial, para não dizer sua razão de ser. "Aprendizagem virtual" não pode ser apenas uma brincadeira virtual; precisa, acima de tudo, ser "***aprendizagem***". Embora se possa utilizar em todos os ambientes possíveis e imagináveis, como nas empresas, no tráfico de drogas, nas gangues, não progride se não acontecer genuína aprendizagem. Essa percepção crescente acabou reconhecendo a face informal da aprendizagem, cada vez mais visível e importante, não só porque em ambientes informais há mais motivação, chance individualizada, chance coletiva, fluência tecnológica, mas principalmente porque, de direito e de fato, pode-se aprender bem. A questão chave, por isso, é ***aprender bem***. Persiste ainda a tendência, em grande parte mercantilista, de usar novas tecnologias para enfeitar ou encobrir o instrucionismo, na herança contraproducente da apostila: a nova apostila é a Internet, já que nesta tudo está disponível e pode logo ser copiado. Com alguma habilidade tecnológica, é possível copiar nas provas e concursos, assim como bandidos espertos se comunicam bem

---

conhecimento para encontrar seus próprios caminhos. Significa turbinar o fogo criativo do autoquestionamento nas organizações" (HORTON, 2008:82).

mesmo nos presídios... As escolas alinhadas à apostila deveriam descobrir que, com as novas tecnologias, não faz mais sentido alinhar-se a uma cabeça central, em geral muito inteligente, que trata os parceiros como periferia subalterna. Essa condição é do século passado, da produção em série e linear. Não é diferente da atitude proverbial do Banco Mundial: sendo ele sozinho inteligente (abrigaria os melhores técnicos do mundo), os outros, sobretudo do Terceiro Mundo, são periferia, e, como tal, não podem construir autonomia própria, nem autoria (CAUFIELD, 1998; DEMO, 2000b). Cumpre seguir as indicações e ordens.

Aprender bem exige mudanças profundas frente a vezos tradicionais anteriores. Aí as novas tecnologias, em vez de banalizadas espalhafatosamente, não foram tomadas a sério. Primeiro, há que construir alguma fluência tecnológica, para dar conta minimamente dos procedimentos virtuais. Segundo, em vez de copiar, reproduzir, plagiar, urge usar criativamente a Internet, caminhando rumo a textos multimodais não lineares, complexos, exigentes. Para tanto, temos de abandonar algumas bijuterias: a aula instrucionista, a transmissão a quilos de conteúdo, a disciplinarização dos ambientes, o diploma fechado. A Internet pode ser bem e mal usada, como todos sabemos. Estamos mais preocupados com o mau uso, também movidos por questões de *copyright* e propriedade intelectual de cunho neoliberal (LESSIG, 2004). Seria recomendável começar a ver criticamente seu bom uso, porque escondem-se aí oportunidades relevantes, tanto mais relevantes porque representam as assim ditas "habilidades do século XXI" (DEMO, 2007a). Embora sob essa alegação comprimam-se expectativas fúteis também, sinalizam novos modos de aprender e que, como toda novidade, também gera desencontros, como é, entre outros, certa tendência a produzir textos mais frouxos, curtos e amadores (KEEN, 2008).

Depois da refrega, há que juntar os cacos e produzir uma história nova, mais cautelosa e questionadora, como convém a educadores. Não se espera da pedagogia que se submeta às pressões tecnológicas, mas é inútil resistir. São favas contadas. Há que entrar no negócio por cima, também, e talvez sobretudo, para preservar o compromisso humanista. Compromisso humanista não significa, em absoluto, resistir às tecnologias, porque o ser humano é uma tecnologia da natureza, uma prótese inventada no processo evolucionário. Não faz sentido opor tecnologia e ser humano, porque, ao fundo, fazem parte da mesma evolução (SIMONDON; HART, 2001; HAYLES, 2008). Mas é sempre crucial saber guinar tecnologia em favor da sociedade.

2 Promessas da Aprendizagem Virtual: Expectativas sobre a *Web* 2.0

Neste capítulo busco analisar as promessas da *web* 2.0, uma "filosofia" digital iniciada por volta de 2003 e hoje em franco desdobramento. Não se trata apenas de "filosofia", porque seu advento deve-se também à arquitetura de novos *softwares*, mais voltados para a noção de "autoria", através dos quais os interessados deixam a posição de simples usuário, consumidor, para se tornarem co-produtores de textos multimodais. Esse efeito não é, claramente, automático, mas possível, desde que os interessados se movam na direção da autoria. Nesse sentido, a *web* 2.0 poderia aproximar-se de maneira bastante convincente da noção de aprender bem, por ser um dispositivo que faculta a reconstrução do conhecimento. Na *web* 1.0, o ambiente era marcado pela passividade do usuário, à medida que tendia à reprodução da informação existente, ao aproveitamento linear, à navegação subalterna. Como sempre, essa novidade também causa espalhafato, como se fosse a salvação da lavoura. É apenas uma oportunidade a mais, ainda que seja oportunidade marcante, também porque se contrapõe, pelo menos em parte, aos ventos neoliberais. Segundo Benkler (2006), surgiram no mundo virtual outros modos de produção, mais solidários, desinteressados, a exemplo da wikipedia, uma enciclopédia de qualidade reconhecida feita por inúmeros contribuintes sem remuneração. Se isso já é um novo modo de produção, não há consenso, como mostra a crítica de Fabos (2008), mesmo indicando que a esfera pública na Internet represente um aceno importante. Ao mesmo tempo, essa tendência enriquece muito o ambiente educacional, porque o povoa de ideias e teorias múltiplas, ao invés da tradição da teoria única, fechada e que já não sabe aprender. No entanto, a Internet tem sido muito mais interessante para os negócios, do que para a educação, sendo essa uma das razões de sua crescente privatização.

Facilmente ignora-se o pano de fundo marcado por relações virulentas de poder, como se o mundo da Internet fosse uma zona livre. Podemos até ter essa sensação, mas, na prática, é recortada de feudos e hierarquias, sem falar no crescimento do *advertising*. Ao mesmo tempo, a pletora de informação tem um efeito de desinformação, tornando tanto mais decisiva a capacidade de escolha crítica e autoria. Primeiro, não se pode tomar informação na Internet como "objetiva", ou "neutra", porque são construtos expostos às ideologias. Segundo, quando se aceitam modos diferenciados de trabalhar na *web* 2.0, como em *blogs* e *wikis*, torna-se claro que nenhum texto pode ser tomado como final ou como autoridade definitiva. Todos ficam em andamento, abertos a novas evoluções. Assim, um texto objetivo, válido para todos, é ideia espúria, para não dizer ideia fixa. Terceiro, como tudo se encontra na Internet, a tentação da reprodução é imensa, prevalecendo facilmente sobre usos questionadores e criativos. Para Fabos, o capitalismo falsificou a democracia (*capitalism trumped democracy*) (2008:847). Um dos sinais é que as "*search engines*" (motores de busca), mesmo fazendo bom trabalho de acesso à informação, são conglomerados de *advertising*, no fundo. Nesse caso, a assim dita "*web* semântica" promete muitos avanços, na direção da interpretação semântica dos humanos, com o objetivo de desvendar, até onde possível, os contextos, duplos sentidos, silêncios e reticências, falta de dados, e assim por diante (BRUIJN et al., 2008; MIKA, 2007). Toda comunicação, por ser não linear, complexa, não admite interpretação única, porque a interpretação é autorreferente.[1]

Polêmicas à parte, a *web* 2.0 tem surgido como proposta alternativa de grande expectativa, em parte porque finalmente teríamos encontrado plataformas virtuais mais próximas da noção de aprendizagem profunda. Sem panaceias e determinismos, sem alinhamento à "netocracia" (BARD; SÖDERQVIST, 2002), volto-me agora para esse desafio.

2.1 Autoria: fundamento docente e discente

Para começar, cabe elucidar o que se entende por autoria, em especial no contexto da aprendizagem. De um lado, autoria sempre foi objeto de exclusividade, distinguindo (excluindo) aqueles que fazem coisas próprias de outros que não fazem. Gênios não seriam nem deveriam ser copiáveis. O comum dos mortais repete e se repete. Essa pretensão aguçou-se no mercado liberal, com as exigências de *copyright*, patente, direitos autorais, propriedade intelectual etc., dentro da lógica de que isso promoveria a inovação pela via da apropriação privada. Essa visão teima em manter-se na sociedade intensiva de informação e conhecimento (BENKLER, 2006; LESSIG, 2004), fazendo parte da "netocracia" (BARD; SÖDERQVIST, 2002). De outro lado, porém, a questão da apropriação autoral também

[1] Seria sempre possível objetar que a atual estrutura de computação, tipicamente digital, não admitiria evolução "semântica" propriamente dita, por ser linear, sequencial, algorítmica. Nesse ambiente linear cabe a sintaxe, a gramática, não a interpretação. Persiste, porém, a expectativa de que se possa quebrar essa barreira no ambiente atual (HAYLES, 2008; KURZWEIL, 2005).

é fortemente questionada, não só por quem acredita que conhecimento e informação não são "coisas" apropriáveis (SUNSTEIN, 2006; TAPSCOTT; WILLIAMS, 2007), mas igualmente por aqueles que, já há algum tempo, imaginam "a morte do autor" (BARTHES, 1977), tendo em vista que, sendo a linguagem que fala,[2] não o autor, não pode existir autor completamente original e solitário (SAWYER, 2007). Em parte essas visões se inspiram na discussão hermenêutica, que percebe a interpretação como dinâmica sem primeiro e último passo (toda interpretação já é interpretação e, por sua vez, será interpretada), mas em parte aproveitam novos aportes virtuais oferecidos pela nova mídia, que permitem autorias coletivas não apropriáveis individualmente.

A discussão sobre autoria, assim, ganhou um contorno de riqueza surpreendente, incrustada na dialética de dinâmicas tão fundamentais quanto tênues. Na escola queremos que todo aluno se torne autor, sendo essa habilidade não menos essencial no professor. Essa pretensão não é diferente daquela da autonomia (FREIRE, 1997; DEMO, 2004a) e estabelece o desiderato de formação capaz de forjar cidadãos que sabem pensar e intervir (DEMO, 2004b). Entretanto, assim como autonomia prepotente prejudica a autonomia dos outros (DEMO, 2005b), autoria precisa ser relativizada, porque, mais que ser modo de se apropriar de ideias exclusivas, é natural e tipicamente fenômeno participativo. Nenhuma ideia pode ser, em si, original, porque não somos originais. Como parte da cultura, nossa mente é produto também dela. Há que conjugar, de um lado, a importância da autoria para a formação própria e social e, de outro, apontar seu caráter culturalmente coletivo.

Tenho defendido a tese de "educar pela pesquisa" (DEMO, 1996), dentro da convicção de que pesquisa é essencial para o docente e o discente. Ser professor não é dar aula, mas cuidar que o aluno aprenda (DEMO, 2004), bem como ser aluno não é escutar aula, mas reconstruir conhecimento, formar-se, tornar-se cidadão. No centro dessa discussão está a autoria, no professor e no aluno. Ocorre, em geral, que professor – também o universitário (DEMO, 2004d) – não é autor, já que em sua (de)formação original, tendo "estudado" com professores não autores (só davam aula), não atingiram a habilidade de autoria, revidando, agora, em sala de aula, o mesmo resultado. Não se trata de culpa, má vontade, nem mes-

---

2 "Apesar de o império do Autor ser ainda muito poderoso (a nova crítica não fez muitas vezes senão consolidá-lo), é evidente que certos escritores já há muito tempo que tentaram abalá-lo. Em França, Mallarmé, sem dúvida o primeiro, viu e previu em toda a sua amplitude a necessidade de pôr a própria linguagem no lugar daquele que até então se supunha ser o seu proprietário; para ele, como para nós, é a linguagem que fala, não é o autor; escrever é, através de uma impessoalidade prévia – impossível de alguma vez ser confundida com a objetividade castradora do romancista realista –, atingir aquele ponto em que só a linguagem atua, 'performa', e não 'eu': toda a poética de Mallarmé consiste em suprimir o Autor em proveito da escrita[...] Valéry, muito envolvido numa psicologia do Eu, edulcorou muito a teoria mallarmeana, mas, reportando-se por gosto do classicismo às lições da retórica, não cessou de pôr em dúvida e em irrisão o Autor, acentuou a natureza linguística e como que 'arriscada' da sua atividade, e reivindicou sempre, ao longo dos seus livros em prosa, em favor da condição essencialmente verbal da literatura, perante a qual qualquer recurso à interioridade do escritor lhe parecia pura superstição" (BARTHES, 1968).

mo de descompromisso necessariamente, mas de consequência do sistema instrucionista reinante na universidade e na escola: tudo se resume em dar e frequentar aula, à revelia da tessitura autopoiética de nossa mente (MATURANA, 2001; DEMO, 2002). Instrução, a rigor, é impossível, porque a mente funciona de modo interpretativo, reconstrutivo, autorreferente, como observador participativo. Não é uma esponja que absorve de fora para dentro o que se lhe apresenta. Não copiamos a realidade, mas fazemos dela uma imagem construída mentalmente, um ato que admite duplo horizonte: de um lado, a manipulamos, "dominamos" em parte, porque construí-la implica sujeito ativo; de outro, mantemo-la independente, porque é impossível apropriar-se dela diretamente – o que temos dela é uma abordagem entre outras, passível de reinterpretação infinita. Ambas as instâncias – sujeito e realidade – são independentes, porque ninguém captura ninguém, tornando o outro resto periférico. A autorreferência – condição pela qual só vemos a realidade a partir de nós, interpretativamente – se, de um lado, acena para graus enormes de liberdade criativa, de outro, aponta limites claros: toda interpretação tem o tamanho do intérprete, não podendo ser, em si, generalizada. De fato, por mais que intencionemos apreender o outro a partir do outro, apreender não vem de lá, mas de cá, do sujeito que reconstrói uma imagem do outro.[3]

A autorreferência é, porém, a reserva mais direta da originalidade das mentes, também porque ressalta o papel da subjetividade, considerada expressão tipicamente individual, irrepetível (FOUCAULT, 2004). Tanto é assim que nós mesmos não nos repetimos em nossa própria interpretação. Por exemplo, se, de repente, perdemos um texto armazenado no computador, mas precisamos, em outro momento, refazê-lo, na verdade o reinterpretamos, não havendo qualquer possibilidade de recuperar *ipsis litteris*. A consciência reflexa que temos de nós mesmos é uma atividade reconstrutiva plástica que vai sendo retocada dia a dia e nunca temos certeza final dela. Dizia, por isso, Maturana que não temos condição última de decidir o que é e não é real, porque temos do real uma reconstrução pessoal, de dentro para fora. Não há juiz primeiro ou último, porque todos somos juízes de nós mesmos. Somos, pois, originais, num sentido próprio, porque nossas mentes, alojadas num substrato físico plástico como é o cérebro, nos permitem expressões irredutivelmente próprias, habilidade que marca profundamente a linguagem simbólica (DEACON, 1998; KLEIN, 2002): embora sempre produção social coletiva, a linguagem admite em cada falante sua própria expressão autopoiética. Não existe a possibilidade de um povo construir a mesma cultura de outro povo. Todo povo, mesmo aculturado de maneira colonialista, guarda naturalmente expressões próprias, porque a mente humana

---

[3] Em especial a epistemologia feminista insiste na "*standpoint epistemology*", para indicar o esforço bem intencionado de respeitar o ponto de vista do outro (outras culturas, outros modos de ser) (HARDING, 1998), proposta também fundamental para epistemologias pós-modernas multiculturais (SANTOS, 2004). Embora toda cultura interprete outra cultura a partir de si (aculturando-a neste próprio ato), o colonialismo pode arrefecer-se quando a cultura se entende por incompleta, podendo, assim, aprender de outra. Sendo, porém, autorreferência condição biológica e cultural dada, podemos controlar, não suprimir.

não se desenvolve como cópia, mas como habilidade reconstrutiva autopoiética (EDELMAN; TONONI, 2000).

Essa grandiosidade tem, porém, seu lado pequeno. O subjetivismo, a ideologia, a ideia fixa também são expressões muito próprias, mas que podem infectar seriamente o diálogo entre sujeitos que, para além de idiossincrasias irredutíveis, precisam entender-se. Na escola e na universidade não se trata apenas de garantir expressão própria, mas de facultar expressões bem argumentadas que possam merecer a atenção do outro. Senso comum, fofoca, ideias fixas, por mais que sejam expressões "criativas individuais", não são material apropriado, porque lhes falta espírito crítico, em especial autocrítico. Faz parte da autocrítica precisamente reconhecer os limites da originalidade individual que facilmente se acomoda no argumento de autoridade, seja reproduzindo visões alheias, seja fazendo-se autoridade já isenta de crítica. Cabe ao educador promover o lado grandioso da habilidade de interpretação, não o pequeno, à medida que exercita no aluno a capacidade de desconstrução e reconstrução de conhecimento com base na autoridade do argumento (DEMO, 2005a), para poder convencer sem vencer. Será, portanto, essencial saber fundamentar o que se diz, levando-se, ademais, em conta que todo fundamento nunca é último, mas apenas o próximo (DEMO, 2008), por razão hermenêutica. Ao fundamentar, não partimos do nada, mas de algo preexistente. Portanto, não há passo primeiro isolado e que crie do nada. Ao mesmo tempo, não encerramos a discussão, colocando um ponto final (fundamento último). Ao contrário, apenas a continuamos para sermos, em seguida, continuados. A dinâmica complexa não linear da autoridade do argumento é naturalmente aberta, porque se nutre da interatividade inter e multicultural, ou, como diria Habermas, da força sem força do melhor argumento (1989). No entanto, por razão hermenêutica, o "melhor" argumento é algo que precisa ser argumentado. Não é evidente.

Por outra, a arte de interpretar com autonomia sempre foi também temida, porque é parte do saber pensar (MANGUEL, 1996; DEMO, 2005a): sendo sua dinâmica naturalmente disruptiva, em toda interpretação aparece um ato de rebeldia. Claramente ambígua, a arte de interpretar pode, facilmente, requerer para si o direito de interpretar exclusivamente, negando a outrem o mesmo direito, algo próprio da "autoridade". Essa questão perpassa os tempos até hoje, também na universidade: toda tese de doutorado precisa ser original, deter interpretação própria, mas sob orientação. Essa orientação tem por objetivo preservar a autoridade do argumento, mas é sempre complicado distinguir no orientador o que é argumento e o que é autoridade. Em geral, prevalece a segunda perspectiva, na lógica da "ordem do discurso" (FOUCAULT, 2000). Mas isso apenas realça, à revelia, a importância da interpretação original, própria, irrepetível. Interpretação única só pode ser mania de autoridade que se inventa como indiscutível. No campo da fé – aí cabe dizer amém – imaginamos produzir lastros absolutos, indiscutíveis. No campo do conhecimento, a interpretação inter e multicultural é a regra.

Apesar da ambiguidade da autoria, aparece como tema substancial da educação escolar, porque seria expressão forte da autonomia que urge forjar, em especial, nos "oprimidos" (FREIRE, 2006). Como esses vivem atrelados à história do outro (opressor), destituídos de história própria, trata-se de fazer deles sujeitos de história própria, individual e coletiva (DEMO, 2007). Não está em jogo apenas saber construir texto próprio dotado de interpretação argumentada. Está sobretudo em jogo a cidadania que sabe pensar para poder melhor intervir. Por trás de um texto próprio bem arquitetado emerge a habilidade de, interpretando crítica e autocriticamente a história, produzir, alternativa. Há nisso, pois, um sentido primeiro prático imediato: forjar alunos com habilidade reconstrutiva própria de sujeito autorreferente e autopoiético, dotado da capacidade de questionar e autoquestionar-se. Autoria significa nesse ato buscar no aluno sua oportunidade de sujeito reflexivo e que lhe permite apresentar-se como produtor de ideias criativas, com base na autoridade do argumento. Mas há um sentido mais abrangente em jogo, não menos prático: exercitar a cidadania que sabe pensar, tendo em vista mudar a sociedade. Paulo Freire resumia ambas as pretensões na ideia de "ler" a realidade: implica saber interpretar crítica e criativamente, para poder mudá-la, aprimorando as condições de confronto.

Pode-se, assim, afirmar que ***autoria é fundamento docente e discente***, por ser referência crucial da aprendizagem no professor e no aluno. Professor que não é autor, não tem aula para dar. Só pode reproduzir. Aluno que não é autor continua copiando, ainda não está aprendendo. Ao mesmo tempo, porém, cabe relativizar a autoria, em particular para não exacerbar noções colonialistas de autonomia: autonomia tão ensimesmada que não suporta a autonomia dos outros. Por condição hermenêutica, nenhuma interpretação é primeira ou última. É apenas de passagem, uma entre outras, como convém à autoridade do argumento. Há pelo menos dois equívocos a serem superados: de um lado, a interpretação malfeita, tendencialmente reprodutiva, instrucionista; de outro, a interpretação fechada, como se fosse intocável, indiscutível. É fundamental evitar a ideia fixa, porque, em vez de ser a expressão mais criativa da mente, acaba sendo o que nunca muda.

2.2 Autorias virtuais

A diluição da autoria individualista tornou-se inevitável no mundo virtual das novas tecnologias. Na Internet facilmente os internautas se sentem originais, quando inventam texto pessoal e oferecem suas expressões pessoais, mas, a par disso, é mundo da cópia flagrante e/ou fraudulenta. Essa ambiguidade resultou na ideia do "*remix*", termo empregado para os textos virtuais, sugerindo que são um natural reaproveitamento de textos outros, nunca totalmente originais (WEINBERGER, 2007; TAPSCOTT; WILLIAMS, 2007). A dinâmica virtual reconstrói por obra de simulação tecnológica algo similar ao que sucede em nossa mente: nela simulamos a realidade com a qual queremos lidar; não partimos do nada, nem concluímos nada. A noção de que a realidade é diferente da representação virtual é comum, valendo isso mesmo como alegação em favor de que jogos eletrônicos, ainda que violentos, não são confundidos com a realidade como tal. Tal qual no faroeste – todo mundo se mata, mas ninguém morre – o jogador saberia distinguir as coisas, o que acalmaria educadores alarmados com a prática de violência e sexo em muitos jogos e entretenimentos eletrônicos (STERNHEIMER, 2003). Sem aprofundar essa questão aqui, a todos pareceria que os mundos virtuais são construções humanas facultadas por tecnologias específicas digitais, plásticas, móveis, fluidas, como toda interpretação. Ideia fixa é o que menos funcionaria aí, porque suprimiria a possibilidade de interação, por vezes frenética.

Tomando em conta aqui a análise de Benkler (2006), sobre a "riqueza das redes", esse autor acentua a importância da autoria da existência e das oportunidades de mercado, oferecendo um ponto de vista "econômico" (fundada em teoria econômica). Essa perspectiva pode ser interessante, porque ressalta também a relevância da infraestrutura tecnológica, ainda que exista o risco de determinismo ou economicismo, algo que Benkler quer evitar. Aparecem no que chama de "a economia em rede de informação" (*the networked information economy*) novas potencialidades de autoria, cujo surgimento depende também das novas tecnologias. Não se trata apenas de conquista política, mas de condições tecnológicas digitais. Dito de outro modo, as chances dependem de qualidade formal (bases objetivas dadas, em especial tecnologia digital da informação e conhecimento) e política (ativação da cidadania, empenho subjetivo). Do ponto de vista dito científico, a tendência é privilegiar infraestruturas experimentáveis, materiais, mensuráveis, por conta do método. Marx atribuía as inovações capitalistas a um novo modo de produção industrial, não propriamente à iniciativa social, que, em determinados escritos, relegou para segundo plano (MARX, 1997; DEMO, 1995:108 ss). Deixando de lado possíveis tendências objetivistas, ocorre o reconhecimento de que a iniciativa política não se dá à toa, ao léu, em ambiente de veleidade. Assim como criar ideias supõe um cérebro físico, material, que a tanto capacita, a cidadania precisa de instrumentação material, para não ser apenas voluntarismo. Embora sob o risco de determinismo tecnológico, Benkler visualiza a relação entre ser humano e tecnologia de maneira bem mais complexa do que apenas de instrumentação física.

Primeiro, inovações não dependem só de invenção, mas de estrutura básica que as permitam. Não teria sido possível inventar o computador no tempo dos gregos, porque algumas infraestruturas não estavam disponíveis (energia elétrica, materiais específicos, produção industrial etc.), sem falar nos avanços científicos imprescindíveis.[4] Segundo, a questão material, embora seja da ordem das ins-

[4] "Uma organização social nunca desaparece antes que se desenvolvam todas as forças produtivas que ela é capaz de conter; nunca relações de produção novas e superiores se lhe substituem antes que as condições materiais de existência destas relações se produzam no próprio seio da velha sociedade. É por isso que a humanidade só levanta os problemas que é capaz de resolver e, assim, numa observação atenta, descobrir-se-á que o próprio

trumentações, é constitutiva. O equívoco do cientificismo é atribuir à base física papel determinante, exclusivo, rejeitando outras dimensões da realidade (DIJK, 2005). Terceiro, seria apenas erro oposto desconsiderar as condições quantitativas em nome de condições qualitativas (DEMO, 2001a), porque são dimensões da mesma realidade, não referências contraditórias. São apenas contrárias, dialeticamente. Quarto, como alegam Edelman; Tononi (2000), por trás da imaginação há matéria física (massa cinzenta cerebral); esta não é dispensável, só porque a outra pareceria mais sublime.[5] Toda qualidade humana é mediada pela matéria, sem a esta reduzir-se. Na linguagem econômica, as relações infraestruturais de mercado condicionam (não determinam) as condições de existência, não podendo ser desconsideradas para qualquer desenho de sociedade, em especial do futuro das sociedades. Assim, para os novos espaços de autoria as condições tecnológicas digitais são condicionantes, ainda que não determinantes.

Para Benkler, as novas condições digitais da economia em rede de informação facultam, em primeiro lugar, o surgimento de um setor produtivo fora do mercado (*nonmarket production*), amplamente eficiente, de estilo social e colaborativo, no qual prêmios financeiros não desempenham papel decisivo e muitas vezes nenhum papel. Em segundo lugar, o uso da Internet permite ao indivíduo manejo pessoal individualizado de informação, não se submetendo mais a centros controladores típicos da economia industrial centralizada. Para o estilo de produção social colaborativa não se requerem capitais físicos e financeiros ponderáveis (leve-se em conta ainda que o custo dos equipamentos eletrônicos cai vertiginosamente), estando, pois, disponível relativamente a todos, mesmo em países atrasados. Benkler vincula-se às teorias liberais da democracia e do mercado, o que o empurra, entre outras coisas, para certo individualismo de mercado, por mais que queira realçar ambientes cooperativos fora do mercado. O acesso às novas tecnologias está longe de ser igualitário e dificilmente isso ocorreria apenas como efeito natural do mercado liberal (LIU, 2004; GALLOWAY, 2004). Segundo alguns autores, a "*digital divide*" estaria se aprofundando (DIJK, 2005; DEMO, 2007d). Esse laivo conservador de Benkler não desfaz a dimensão atraente de sua análise, quando aponta para um "novo modo de produção" da informação, conhecimento e cultura, possível por conta das novas tecnologias digitais.

Alguns campos dessa nova produção social se tornam paradigmáticos, entre eles: *software* livre (um tipo de *software* que todos podem usar, mudar, recriar, desde que o usuário conserve sua contribuição também aberta a novos usuários); wikipedia (uma enciclopédia elaborada por todos os interessados, livremente, permanecendo a última versão aberta sempre a novas elaborações); *blogs* (espécie de diários nos quais o autor divulga seus textos e artefatos similares, sujeitos a comentários abertos de outrem); jogos eletrônicos (nos assim ditos "bons" jo-

---

problema só surgiu quando as condições materiais para resolvê-lo já existiam ou estavam, pelo menos, em vias de aparecer" (MARX, 1973:29).

5 No subtítulo desta obra consta: "*how matter becomes imagination*" (como a matéria se torna imaginação).

gos eletrônicos, o jogador possui margens de liberdade para mudar regras, intervir no ambiente em 3D, construir espaços virtuais próprios, de sorte a sentir-se, em certa medida, autor) (GEE, 2007). Para Benkler, tais condições tecnológicas poderiam ampliar a assim dita "esfera pública", ou a "*ideagora*" (TAPSCOTT; WILLIAMS, 2007), na qual se tornaria possível, cada vez mais, o debate aberto sobre política pública. Embora tais oportunidades possam ser superestimadas (BROWN; DUGUID, 2000), há que serem levadas em conta, porque suas potencialidades são flagrantes.

Deixando de lado inúmeras facetas dessa discussão, cabe aqui considerar as consequências para o debate sobre autoria. Segundo Benkler, um dos resultados mais alvissareiros das novas tecnologias é o aprimoramento possível (não automático, fatal) da autoria das pessoas, em especial porque essa habilidade não depende de fora, do mercado, de centros, regras e ordens, mas da interação individual e coletiva no mundo virtual. Embora seja ingênuo equiparar Internet com o mundo das liberdades (GALLOWAY, 2004), os internautas desfrutam, em geral, de graus consideráveis de liberdade, pelo menos de sensação de liberdade. A própria tessitura imaterial do mundo virtual facilita essa sensação de libertação de amarras físicas restritivas. Certamente, uma coisa é ter de ir a uma biblioteca, procurar um livro, levá-lo para casa e depois ter de devolver, para realizar um texto; outra coisa é encontrar tudo na Internet disponível sem restrições físicas. Cada vez mais, podemos ir resolvendo nossos problemas de textos na Internet, se soubermos fazer dela a biblioteca global virtual, não para plagiar, mas para desconstruir e reconstruir textos (BRECK, 2006).

De um lado, a autoria virtual celebra a possibilidade da autoria coletiva: um texto da wikipedia não tem autoria individualizada; como produto coletivo não alcança fase final (usa-se o termo *neutro* para o texto que parece desfrutar momentaneamente de consenso); estando aberto à discussão interminavelmente, funda-se na autoridade do argumento compartilhado; dificilmente imposições ou veleidades individualistas prosperam, porque o controle de pares não permitiria; constrói-se uma esfera comum de discussão, marcada por regras igualitárias e civilizadas. Nesse sentido, a autoria dilui-se. De outro lado, porém, ressurge o horizonte da autoria, à medida que todos, podendo colaborar, comparecem como autores. O que muda é que tais autores não assomam no ambiente como proprietários de ideias, mas distribuidores de ideias com as quais contribuem abertamente sem apropriação individualista. Nisso, não se dilui o autor, mas comparece outro tipo de autor, aquele que é original não para si, mas para o grupo. Informação guardada para si não vale nada. Sem comunicação, nenhuma informação. Antes, pretendia-se cobrar pela informação, a ponto de fazer dela monopólio. Agora qualquer monopólio apenas atrapalha a inovação. A inovação individualizada parece perder o sentido, em nome da inovação coletiva.

De fato, é intenso o interesse em torno de ambientes de autoria virtual, com o objetivo de renovar a escola (VOSSEN; HAGEMAN, 2007; SOLOMON; SCHRUM, 2007). Faculta-se às crianças no processo de alfabetização que se tornem mais rápida e prazerosamente autores de seus textos, à medida que o acesso a tecnologias digitais esteja bem construído. Pode-se sempre fazer as coisas mais velhas com os instrumentos mais novos. Mas é bem possível promover o exercício da autoria individual e coletiva, fazendo uso de ambientes virtuais intensamente interativos, nos quais as crianças não só produzem textos, mas os discutem amplamente, sem falar em sua publicação. Essa oportunidade é fundamental também para burilar a cidadania. Ao mesmo tempo que se impulsiona a autoria, prefere-se a autoria coletiva, aquela mais igualitária e distribuída. Temos muitas vezes certa repulsa a textos coletivos, frequentemente não sem razão. Em nossa cultura, trabalho em grupo é mal afamado, porque é regra que uns trabalham e muitos se aproveitam. Mas essa pecha não pode servir para recuar, assim como o plágio na Internet não pode ser motivo para descartar essa oportunidade. Urge educar as crianças de tal modo a tomarem o texto coletivo com redobrado compromisso. Não cabe desfazer a produção individual, nem a coletiva, mas mesclar, aprimorando o talento individual e o talento coletivo. Precisamos certamente dos dois.

Pode ocorrer que textos coletivos sejam mais frouxos, já que consensos tendem a domesticar a criatividade individual. Afinal, o que vale como resultado coletivo é aquilo em que todos acreditam minimamente. Nivelar por baixo pode ser a consequência. Não estamos dizendo que o talento individual, muitas vezes extremamente criativo, deva ser reprimido em nome do grupo. Essa dimensão individual, por mais que seja exacerbada no mercado liberal a ponto de se tornar predatória, não poderia ser obscurecida, já que, em termos de obras de arte, por exemplo, a criatividade genial tende a ser individual, por mais que surjam atualmente aportes mais sociais dos gênios (SAWYER, 2007). A nona sinfonia, ou a Monalisa, não poderiam ter sido elaborados por um grupo... Assim, não é o caso impor concorrência entre criatividade individual e coletiva, mas parceria. O aluno precisa de momento individual, no qual carece acertar contas consigo mesmo, também porque pesquisar e elaborar são atividades que possuem sua dimensão bem individual. Cada qual faz a seu modo, mesmo havendo plataformas metodológicas compartilhadas. Mas precisa, talvez ainda mais, de momento coletivo, no qual a cidadania individual se complementa e talvez mesmo se transfigure no esforço coletivo, até porque é assim que se muda a história, não por soluços individualistas. Já é importante que a pessoa, individualmente, saiba confrontar-se com os problemas sociais. Mas é ainda mais importante que saiba compor a cidadania coletiva, porque a história é sempre um texto também coletivo.

Uma das mensagens mais fundamentais desse "novo modo de produção" é a conquista crucial de espaços públicos ampliados, em nome do bem comum. Quando o resultado compartilhado é o que move o todo, a apropriação privada pode recuar. Continua, infelizmente, muito forte o movimento da netocracia (BARD; SÖDERQVIST, 2002) e das empresas de comunicação e informação no sentido de encurralar os espaços públicos do mundo virtual em nome da propriedade intelectual privada. Mas não é menos forte a resistência dos internautas, inclusive *hackers*, no sentido de impedir tal fechamento. Ao contrário do que o mercado liberal preconiza, a propriedade intelectual, longe de favorecer a inovação, a estiola, porque ideias não são propriedade. Assim como seria absurdo imaginar propriedade intelectual de uma cultura, não é possível ser proprietário de uma ideia, já que ter uma ideia é uma dinâmica necessária e naturalmente coletiva em termos culturais e linguísticos. Se Benkler tiver razão, o mercado liberal acaba de produzir seu próprio veneno, ao dar azo a um modo de produção fora do mercado, marcado pela produção social não orientada pelo lucro individualista.

Os mundos virtuais são ambíguos, porque ambiguidade é marca dialética da história humana. Por exemplo, a interatividade pode ser maculada pela pornografia, artefatos violentos, ameaças, futilidades, mercantilismo (TROLLEY et al., 2006), mas isso não desfaz o argumento. Mais que proibir, as crianças precisam ser educadas para bem usar. Não é porque foram produzidos livros blasfemos que vamos propor impedir a impressão de livros. Ao mesmo tempo, não podemos ignorar a avalanche de plágios via Internet, aguçando a preocupação em torno de seu uso na escola e na universidade. O preço da liberdade é seu abuso. Não segue daí suprimi-la, mas conter o abuso. Mais importante é olhar para a frente e divisar novas oportunidades de autoria, entre elas, um dia, poder elaborar uma tese de doutorado com a plataforma *wiki*, coletiva, e, nem por isso, menos criativa... Talvez seja muito mais difícil avaliar, certificar, reconhecer, mas possivelmente será um resultado bem mais importante do que elaborações individuais.

2.3 Aprendizagem virtual como dinâmica social em rede (*social networking*)

Aproveito neste capítulo alguns estudos atuais sobre a *web* 2.0, em especial propostas que questionam tais novidades (MASON; RENNIE, 2008), evitando-se, assim, pressa entusiasmada (RUBENSTEIN, 2003). Num sentido simples, a *web* 2.0 refere-se a programas virtuais que facultam participação do usuário como autor, a exemplo dos *blogs* e *wikis*. Para deles participar é preciso fazer texto próprio, apresentar-se como colaborador, praticar interatividade criativa. Trata-se de "*user-contributed content*" (conteúdo contribuído pelo usuário), ou de "*interactive web applications*" (aplicações interativas da *web*), como aduz Shank (2008a).

> "As tecnologias da web estão mudando velhas plataformas de aprendizagem e capacitando novas em três modos chave. Primeiro, quando as pessoas querem aprender sobre um tópico, crescentemente procuram informação *on line*, artigos, transmissões em web, revisão de livros e cursos. Ademais de abordagens formais à aprendizagem, tais como cursos e tutorias, abordagens informais estão também crescendo, sendo isso o segundo modo no qual padrões de aprendizagem estão mudando. Com tantas fontes de informação disponíveis *on line*, muitas pessoas procuram por informação que faça sentido nos termos de suas próprias necessidades. As

> pessoas crescentemente procuram *on line* expertos para consultar, usando *online* aplicações sociais como *LinkedIn*. As pessoas alcançam esses contatos através de *e-mail* e *instant messaging*, ou checam seus diários *on line*, chamados *blogs*. O terceiro modo no qual os padrões de aprendizagem estão mudando é que, graças às ferramentas fáceis de usar para compartilhar conteúdo *on line*, as pessoas estão não só assumindo o papel de aprendiz, estão crescentemente assumindo o papel de professor também" (Id.:244).

A *web* 2.0 é assim definida pela Wikipedia:

> "Web 2.0, um termo cunhado por *O'Reilly Media* em 2003, e popularizado pela primeira conferência sobre web 2.0 em 2004, refere-se a uma segunda geração percebida de comunidades baseadas na web e serviços hospedados – tais como *sites* de serviço social, *wikis* e *folksonomies* – que facilitam colaboração e compartilhamento entre usuários. Este termo tornou-se desde então amplamente adotado" (Id.:245).

Os desafios da aprendizagem estão mudando, respondendo também a dinâmicas profundas de mudança na sociedade e na economia. Como sugere Shank (2008a), os empregos estáveis e rotineiros parecem estar se diluindo, porquanto o trabalhador enfrenta, cada vez mais, ambientes que requerem habilidade de enfrentar e solucionar problemas. Isso exige percepção mais crítica e autocrítica, trabalhar contextos conflitivos de ideias, perambular por campos em mutação e imprevisíveis, dar conta de tarefas complexas e não lineares (SAVIN-BADEN; WILKIE, 2006; FISHER et al., 2006; JASINSKI, 2007). Falando em linguagem de mercado, o desafio é "*from take-it-when-it's-offered to on-demand service*" (Id.: 246); falando em linguagem acadêmica, o desafio é "*from rote repetition to collaborative construction of knowledge*" (Id.:248).[6] Por conta da complexidade dos desafios em redes, torna-se premente conhecimento em redes, cujas marcas seriam: (i) descentralizadas, permitindo fluxo e plasticidade; (ii) distribuídas, para que todos possam aprimorar o conhecimento e manter visões divergentes; (iii) sem intermediários, para que o acesso seja direto; (iv) dinâmicas, para coadunar-se com processos infindáveis de desconstrução e reconstrução; (v) não segregadas, para que aprender e trabalhar andem juntos e mesclados.

Os aprendizes também estão mudando. Nos Estados Unidos, mais de 80% usam computador, verificando-se para muitos analistas diferenças marcantes entre a nova e a velha geração. É bem conhecida, ainda que não totalmente consensual, a visão de Prensky (2001) dos "nativos" (a nova geração) e dos "imigrantes" (a velha geração), postulando, ao fundo, diferenças de cunho evolucionário (outra cabeça) (HAYLES, 2008). As crianças já comparecem digitalmente alfabetizadas, ativam mais facilmente habilidades visuais e espaciais, aprendem melhor através

[6] Tradução aproximada: da situação de tomar o que aí está como está oferecido para serviço sob demanda; da mera repetição para a construção colaborativa de conhecimento (respectivamente).

de métodos de descoberta e problematização, veem como naturais e atraentes os desafios interativos e construtivos de bons jogos eletrônicos (PRENSKY, 2001a; 2006). Convivem tranquilamente com aprendizagem informal, vendo na escola uma referência importante, mas não única.

> "Aprendizagem informal pode ser definida como o processo durante a vida toda pelo qual os indivíduos adquirem e aprendem a aplicar conhecimento e habilidades a partir das experiências correntes de vida e atividades – em casa, no trabalho, e no jogo, de amigos, membros da família, co-trabalhadores, livros, artigos, televisão, rádio, filmes, viagem, conversas, e de todas as pessoas e coisas que um indivíduo chega a contatar. Essas coisas tendem a ser atividades *'non-course-based'* (não baseada em curso), incluindo (mas certamente não limitadas (a) discussões, ajuda, apresentações, compartilhamento de informação, recomendações e recursos providenciados em resposta a interesses expressos e necessidades por pessoas que compartilham um interesse ou domínio comum" (SHANK, 2008a:255). Três princípios estariam na base dessa virada: (i) "*read/write web*" (*web* que permite ler e escrever) – torna-se crescentemente um meio de mão dupla: os interessados podem ser usuários e provedores de conteúdo; (ii) tendência de entender "*web-as-platform*" (web como plataforma): aplicações de *software* são costuradas sem emenda em *websites*, tais como inserir *MapQuest* ou mapas de Google...; (iii) marca micro do conteúdo, permitindo quebrar a noção de *web* como "páginas" e "*sites*", focando em elementos menores e mais plásticos e facultando ser agregados, desagregados e recombinados.

Para Mason; Rennie (2008), esses princípios têm como inspiração maior a noção de "*social networking*" (que traduzo livremente por "dinâmica social em rede"), indicando que a *web* 2.0 proporciona a oportunidade de edificação de redes sociais marcadas tanto pelo trabalho colaborativo, como pela participação ativa dos interessados. É isso que estaria mudando o *design* dos cursos, alimentado por conteúdo gerado pelo participante, por um lote de ferramentas em rede social e pela "cultura do dom",[7] resultando numa "*social networking*" como ferramenta educacional. Por cultura do dom, os autores referem-se ao "modo de produção", segundo Benkler (2006), voltado para a solidariedade: os participantes se doam desinteressadamente. À diferença de outras expectativas em torno de uma "economia solidária" (SINGER; SOUZA, 2001; GODELIER, 2001; GODBOUT, 1999), em geral residuais e mesmo piegas, essa cultura do dom, movimentada pelas plataformas da *web* 2.0, poderia ganhar impacto decisivo, aninhando-se na própria estrutura econômica. Soa altissonante e mesmo fantasioso esse lance, mas a produção colaborativa na Internet cresce acelerada e convincentemente. Na prática, trata-se de aproveitar o *software* social criativamente, tornando viável angariar

[7] "Cultura do dom" designa práticas de produção não liberais/egoístas, fora do mercado capitalista, de cunho solidário, tendo como referência comum a obra de Maus (1989) sobre a "dádiva".

inteligência coletiva (MASON; RENNIE, 2004). A questão da inteligência coletiva ganhou sofisticação crescente, porque não aponta apenas para vantagens de trabalhar em equipe, mas principalmente para o princípio evolucionário de que muitas mentes em colaboração podem produzir conhecimento mais qualitativo do que indivíduos isolados, mesmo que sejam geniais (JOHNSON, 2001; GARDNER, 2007; JENSEN, 1998; SEGARAN, 2007). O conceito mais usado para "explicar" esse dinamismo criativo democrático é o de "emergência", uma dinâmica natural capaz de criar novidade através do arranjo de entidades simples, como propõe a noção de "autômato celular" de Wolfram (2002), e que, por sinal, pleiteia um "novo tipo de ciência". Assim teria surgido a vida e novas formas de vida, como os seres humanos. Não faltam por isso estudiosos que esperam da crescente complexidade colaborativa da Internet possíveis efeitos emergentes que nos poderiam surpreender, tanto quanto não surpreende que a wikipedia possa surgir desse tipo de colaboração.

Exemplo badalado de "*social networking*" é a livraria virtual *Amazon.com*, por ter inventado uma "ciência do engajamento do usuário" (MASON; RENNIE, 2008:2): o usuário é convidado a fazer resenhas críticas dos livros; à medida que se compram livros, sugestões de outros livros aparecem na tela que outros compradores adquiriram em circunstâncias similares; há oferta de vários convites participativos em cada página virtual; aparecem modos de busca mais amigáveis e participativos. Algo similar poderia ocorrer em educação.

> "Exemplos de *software* social com relevância para educação são: (i) wikipedia é uma enciclopédia *on line* na qual o conteúdo é criado e editado inteiramente pelos usuários; (ii) *sites* de *folksonomy* tais como *del.icio.us* e *flickr* nos quais os usuários marcam com palavras chave suas fotos ou outras entradas de conteúdo, assim desenvolvendo uma forma de categorização colaborativa dos *sites*, usando o tipo de associações que o cérebro usa, ao contrário de categorias rígidas, pré-ordenadas; (iii) *blogging*, uma forma de diário *online*, acrescenta um dinamismo todo novo ao que havia na web 1.0, a *home page* pessoal; (iv) *Really Simple Sindication* ou *Rich Site Summary* (RSS) é uma família de formatos de ração (*feed*) usados para publicar conteúdo frequentemente atualizado digital, tais como *blogs*, novas rações ou *podcasts*; (v) *Podcasting* é um arquivo de mídia que é distribuído na Internet usando angariação de rações (*feeds syndication*), para *playback* em equipamentos móveis e computadores pessoais; (vi) e-*portfolios* animam o estudante a apropriar-se de sua aprendizagem criando um registro dinâmico, reflexivo, de multimídia em seus resultados; (vii) *Real-time audio* e ferramentas compartilhadas de tela são usadas para discussões multimodais (*multi-way*)" (Id.:3).

Os sites de *social networking* registram três marcas: (i) ***perfil*** – o participante apresenta-se com identificação própria (real ou fantasiosa/virtual), por vezes com foto e informação curricular e interesses pessoais; (ii) ***em rede so-***

cial perpassável – permite o trânsito próprio e de outras pessoas indicadas pela rede, agregando oportunidades de contatos infinitamente crescentes e complexos; (iii) ***comentários semipersistentes públicos*** – participantes podem deixar comentários que todos podem ver ou agregar novo conteúdo; por não serem efêmeros, embora possam desaparecer depois de um período, diz-se que são semipersistentes; mescla-se aí, numa esfera pública, a expressão própria do indivíduo com a expressão de outros sobre esse indivíduo. Como sugere Mika (2007), formam-se novas redes sociais, ainda que virtuais, mas não menos efetivas que as ditas reais, provocando um novo patamar da sociologia das relações sociais. Por serem espaços mais democráticos,[8] pelo menos no sentido de que não existe autoridade explícita mais visível e indiscutível, a expressão pode ser mais livre e mais orientada para a autoridade do argumento. Isso não retira a possibilidade de mau uso, facilitada pela falta de presença física ou por atitudes predatórias, mas os ambientes muitas vezes praticam visível "*net etiquete*" (HAMBRIDGE, 2000; RADIOKILLS, 2008). Com alguma cautela, pode-se mesmo falar de "*people power*" (poder do povo), se pensarmos que, num *blog* do professor, o aluno pode comentar sem restrições.

Tomando em conta que o participante pode gerar conteúdo, salta à vista que essa marca poderia ter *valor pedagógico* notável:

> "(i) os usuários possuem ferramentas para ativamente engajar-se na construção de sua experiência, ao contrário de passivamente absorver conteúdo existente; (ii) conteúdo será continuamente refrescado pelos usuários, ao invés de requerer *input* dispendioso de *expertise*; (iii) muitas das novas ferramentas sustentam trabalho colaborativo, assim permitindo aos usuários desenvolverem as habilidades de trabalhar em equipes; (iv) espaços compartilhados de comunidade e comunicações intergrupo são uma parte maciça do que excita pessoas jovens e por isso deveriam contribuir para a persistência dos usuários e motivação para aprender" (MASON; RENNIE, 2008:5). Em linguagem mais econômica, O'Reilly (2005; 2006) celebra que "*usuários acrescentam valor*". Os sistemas se tornam melhores, quanto mais pessoas participam. Mesmo predominando motivações por interesses pessoais, ocorre o fenômeno do "***efeito de rede***", ou seja, o efeito do enredamento social virtual, cuja qualidade depende de participação crescente e mais complexa.

Não faltam críticas, porém, já que, se o usuário produz conteúdo, o experto perde sua aura. Em especial, o professor se sente desafiado. Ao postar seu texto no *blog*, não pode advogar imunidade – seria já impunidade –, pois terá que argumentar e contra-argumentar como qualquer parceiro. Há críticas corretas,

---

8 Não se pode ignorar que a Internet está longe de ser democrática, sem falar na tendência ostensiva de privatização mercantilista. Mesmo assim, permite navegação relativamente desimpedida e expressão própria sem maiores restrições.

entre elas que a Internet está repleta de informação não confiável e tem servido para plágios chocantes. O uso da imagem é ainda titubeante: como se diz, uma imagem vale por mil palavras, mas, dependendo do contexto, pode não valer nenhuma, sem falar que os textos híbridos tendem a ser mais curtos, até mesmo porque a tela é um espaço muito limitado (KRESS; LEEUWEN, 2005; COIRO et al., 2008). A concorrência da aprendizagem informal é tomada frequentemente como desleal, porque substitui apressadamente os esforços formais organizados por propostas facilmente ligeiras (KAPP, 2006). Os estudantes parecem aprender de modo diferente, exigindo envolvimento bem mais nítido, o que induziu inúmeros estudos sobre seu comportamento, atitude e uso das tecnologias (DUDERSTADT, 2003). Chama a atenção a fácil simbiose com o computador, desde a mais tenra idade, em geral ultrapassando os adultos, muitas vezes com picardia, em especial quando se têm por "*techno-savvy*" (sabichões em tecnologia) (WELLER, 2008). Alguns resultados de estudos seriam, com respeito ao modo como estudantes aprendem: "(i) habilidade de tarefa múltipla (*multitask*), ao invés de uma só; (ii) preferência para aprender de imagens, som e vídeo, ao invés de texto; (iii) preferência para atividades interativas e em rede, ao invés de estudo independente e individual. No entanto essas características possuem as seguintes desvantagens: (i) lapsos mais curtos de atenção ou optando por não prestar atenção; (ii) falta de reflexão; (iii) alfabetização relativamente pobre de texto; (iv) atitude arrogante com respeito à qualidade das fontes" (MASON; RENNIE, 2008:8). Veen (2007; 2008) cunhou o termo ***homo zappien***, para sugerir que o atual *homo sapiens* é marcado pela atividade frente à tela (VEEN; VRAKKING, 2006).

Grande parte da atividade de estudo já é *on line*, restando para materiais impressos e livros um lugar cada vez mais apertado. Dissemina-se a "*peer-university*" (universidade de pares), uma metáfora para o hábito de discutir juntos *on line* suas questões de pesquisa e seus textos. Exemplo eminente são os jogadores eletrônicos sofisticados, que veem em tais ambientes de contato referência essencial para dar conta dos jogos (GEE, 2003). "Conhecimento é criado, compartilhado, remisturado (*remixed*), reestruturado, e passado à frente. Em suma, *web* 2.0 é uma rede de pesquisa, bem como uma rede de aprendizagem" (MASON; RENNIE, 2008:10). Cabe perguntar, porém, se é de fato "pesquisa"...

Face à tradição acadêmica de pesquisa, muitos são os calafrios. Parece ficar mais distante o empenho em dar conta de leituras clássicas densas, já que os alunos se motivam por questões do seu dia-a-dia, e, em especial, por solucionar etapas do curso. Os textos se tornam menores e quase sempre mais superficiais, também para caberem na tela. A noção de "*remix*" se impõe: tudo é mistura de tudo, indo desde algo que ainda é cópia, até outro texto mais elaborado. O laborioso esforço de desconstruir e reconstruir conceitos e categorias, produzir e interpretar dados com acuidade teórica metódica, preferir a autoridade do argumento ao argumento de autoridade parece, em muitos casos, já fora de lugar, tamanha é a facilidade de encontrar tudo mais ou menos pronto na Internet. Mas há o outro lado, como menciona um relatório europeu de 2007 (*New Media Consortium*,

2007): (i) a academia parou no tempo, com respeito a seu sistema de avaliação de textos de pares e premiações; a qualidade dos textos poderia ser mais bem visualizada em ambiente virtual mais acessível e público, como num *blog*; (ii) a produção formal, além de provocar rigidezes desnecessárias que, em geral, salvaguardam mais a autoridade de certos grupos estratégicos do que o direito de todos de publicar, inibe outros tipos menos formais ou informais, como a divulgação em *blogs* e *wikis*; (iii) estilos de produção coletiva, mais transdisciplinares, deveriam ser preferidos; (iv) obsessão por *copyright* e direitos de propriedade intelectual dificilmente favorecem a criatividade; esta medra mais facilmente em ambiente mais aberto, público, participativo; (v) habilidades de *social networking* deveriam ser apreciadas, substituindo os donos fechados de grupos de pesquisa por comunidades abertas de prática; (vi) cursos estritamente presenciais tornam-se obsoletos, não só porque é possível estudar e aprender fora da sala de aula, mas igualmente porque a motivação coletiva virtual dos alunos, em especial quando multicultural (mesclando alunos étnica, geográfica, social e culturalmente) (DUDERSTADT, 2003), enriquece o cenário da aprendizagem.

Certamente, nos deparamos aqui com novidades e problemas. Entre as novidades está a oportunidade de estudar de modo diferente e mais colaborativo, em geral muito mais motivador. Valoriza-se a experiência do aluno, bem como seu encaixe cultural, já que é o ponto de partida de qualquer curso. De certa forma, os estudantes armazenam seu conhecimento nos amigos, ou seja, na rede colaborativa virtual. Podem-se divulgar mais facilmente textos e produções multimodais, com a vantagem de se usarem ambientes públicos que favorecem a autoridade do argumento. Entre os problemas está o risco de banalização, optando-se por facilidades, não pela qualidade dos textos. Por exemplo, é necessário partir do aluno, mas não é menos necessário elevá-lo, para que ultrapasse o patamar acadêmico atual. Caso contrário, torna-se praxe acadêmica reduzir a expectativa de desempenho àquilo que o aluno pode fazer. Bastaria lembrar, nesse caso, a proposta de Vygotsky (1989; 1989a), amplamente citada na aprendizagem virtual e nos jogos eletrônicos, da "zona de desenvolvimento proximal": papel do professor é "empurrar" o aluno para tarefas novas desafiadoras que ainda não saberia enfrentar sozinho. Quando o aluno é, ao mesmo tempo, ponto de partida e de chegada, não se sai do lugar. A experiência dos estudantes, em geral, é restrita, não podendo ser tomada como referência fatal, embora deva ser a inicial. Nessa esteira aparece logo a autoavaliação dos próprios estudantes como critério maior de desempenho. Não se poderia deixar de lado esse procedimento, tanto mais quando feito em ambiente virtual público, como num *blog*, mas não pode ser a única forma. O risco é de promover "progressão automática", como é uso entre nós na escola básica (DEMO, 2004). Faz parte dos problemas, ainda, a confusão rápida entre informação e conhecimento: facilmente os estudantes bastam-se com coligir informação (um *remix* apenas preliminar), evitando empenhar-se em desconstruir e reconstruir conhecimento (BROWN; DUGUID, 2000).

Nem pedagogia, nem professor são imutáveis. Aí, a *web* 2.0 poderia comparecer como divisor de águas, à medida que "aprendizagem cooperativa sustentada pela tecnologia" (MASON; RENNIE, 2008:14) comparece como oportunidade bem mais rica e envolvente de estudar e aprender. Do ponto de vista da pedagogia, didáticas instrucionistas caem por terra, em especial a aula instrucionista, porque é cópia feita para ser copiada. Perde-se o interesse por materiais fixos, canônicos, oficiais, como apostilas, não só porque tudo se pode achar na Internet, mas principalmente porque não faz qualquer sentido aceitar estilos fechados e unitários de aprendizagem. Do ponto de vista do professor, o dono do saber fica nu, face à impossibilidade de dar conta de tudo, sobretudo ter em mãos toda a informação disponível. Principalmente, não pode mais comparecer como argumento de autoridade. Só vale como autoridade do argumento, expondo-se a contra-argumentações naturalmente. Transmissão de conteúdos torna-se, em grande parte, velharia, seja porque mudam toda hora ou seu trato é sempre apenas seletivo (nunca é possível "dar" tudo), seja porque saber renovar e criar conteúdos é habilidade muito mais decisiva. O professor defronta-se ainda com o desafio de enfronhar-se minimamente com as novas tecnologias, quase sempre em grande desvantagem frente aos jovens. É bem mais prudente apresentar-se como parceiro mais experimentado do que dono prepotente e disciplinar do saber.

2.4 Além do construtivismo?

Não busco incitar brigas entre "*ismos*" de teorias da aprendizagem (construtiv*ismo*, behavior*ismo*, cognitiv*ismo*, interacion*ismo* etc.), porque ambientes da *web* 2.0 nos trouxeram outros posicionamentos bem mais arejados e inteligentes. Nos Estados Unidos a discussão costuma restringir-se a três parâmetros: behaviorismo, cognitivismo e construtivismo, o que já denota nítida pobreza teórica (CARLINER; SHANK, 2008). Em geral não se citam contribuições da "autopoiese" e se amarrotam as de Vygotsky facilmente na postura construtivista. Observando, porém, a dinâmica da aprendizagem fomentada na "*social networking*", torna-se mais visível o quanto é obsoleta a pretensão de teoria única, como é comum entre nós. Adeptos da teoria "histórico-crítica", por exemplo, cultivam a convicção, em si religiosa e extremamente tradicionalista, de que somente ela poderia ser "verdadeira". Um passo a mais e chega-se à pretensão de que deveria ser a "pedagogia oficial" da escola brasileira, signo maior de qualquer educador minimamente inteligente. Diga-se, porém, que os mentores maiores da pedagogia histórico-crítica não defendem essa seita (SAVIANI, 2005), mas seus discípulos, já que nenhum mestre costuma ser tão fanático quanto seus discípulos. No mundo virtual, em especial nos ambientes da *web* 2.0, torna-se impraticável a autoridade indiscutível, unitária, bem como teoria oficial. Tudo que aí se elabora permanece necessariamente aberto, em nome do trabalho coletivo e do ambiente público de acesso aberto. Seria ridículo um professor organizar um *blog* ou uma *wiki* com a determinação de que somente comentários e textos favoráveis seriam aceitos. O espírito é exatamente o contrário, consolidando a noção forte da "lógica difusa" de que "cinza é a cor da verdade" (KOSKO, 1999).

Toda teoria que se quer oficial evita ser questionada e com isso deixa de ser "teoria", para tornar-se peça religiosa. Qualquer teoria tem propriedades e incompletudes, por ser construto mental seletivo, multicultural, datado e localizado (HARDING, 2006). Inevitavelmente é uma interpretação entre outras possíveis (MATURANA, 2001; DEMO, 2002). Não poderia interceptar outras interpretações, mas, ao contrário, conviver elegantemente com elas, tornando-se opções possíveis, não ideias fixas. Como sempre se acreditou, conhecimento criativo só medra em ambiente de liberdade e alternativa, não sob o tacão da inquisição. Teoria não pode ter receio de ser mudada, porque foi, a rigor, elaborada sob a pretensão de mudar e ser mudada. *Teoria que perde sua verve disruptiva torna-se referência passada*. Não aprende mais. Na *web* 2.0, quando suficientemente bem feita, o negócio é aprender, sobretudo manter-se aprendendo em contexto colaborativo desimpedido. *Teorias se usam, não se adotam*. Sua validade é sempre apenas relativa, ainda que não relativista (DEMO, 2005b).

Corremos, certamente, outros riscos. Pode surgir a banalidade de que qualquer teoria basta, porque todas seriam "iguais". Não são. Por exemplo, o professor alfabetizador precisa de teoria para organizar seu projeto pedagógico, mas essa teoria só faz sentido se for desconstruída e reconstruída, não copiada. Não é amuleto, mas orientação aberta. Precisa sempre poder questionar suas referências teóricas, quando menos para continuar aprendendo. Precisa adotar o aluno, não teorias, que são apenas instrumentais. Não se trata de depreciar teorias, mas de pô-las em seu devido lugar: instrumentação aberta de aprendizagem permanente. Seu valor é apenas relativo, porque na história e na natureza conhecidas validade relativa é a que cabe. Validades absolutas não cabem no conhecimento científico (DEMO, 1995; 2000). É risco a fragmentação das informações na Internet, em especial a confusão entre informação e conhecimento, tendo como consequência comum a banalização do segundo. É risco o amadorismo avassalador que troca qualidade do conhecimento por qualquer quantidade de informação.

Em geral, aceita-se que os ambientes de *web* 2.0 se compatibilizam bem com a postura construtivista, porque promovem a participação reconstrutiva ativa dos estudantes. Pode incrementar processos de autonomia e autoria.

> "Os aprendizes num ambiente construtivista precisam ser ativos e interativos, e a web 2.0 é inerentemente participativa. Web 2.0 é onde todo mundo não pode só *tomar* informação *a partir* daí, mas também *criar* conteúdo e carregá-lo aí. Neste respeito, a web não é só um meio de mão única de *obter* conhecimento, mas também um lugar onde se *interage* com materiais e se *anota* e se *contribui* com o conteúdo. Tais *sites* frequentemente mostram outras características da web 2.0 tais como acesso automatizado através de RSS *feeds* e habilidade de encontrar materiais relacionados através

da marcação e de outros equipamentos da dinâmica social em rede" (STEVENS, 2006; MASON; RENNIE, 2008:18).

No entanto, há educadores que visualizam o construtivismo como mais próprio da *web* 1.0: excessivamente estruturado em suas fases, tendencialmente voltado para processos individuais de aprendizagem, comumente preso a avaliações tradicionais, não se encaixa tão bem em processos colaborativos, nos quais "*social networking*" é crucial. Embora seja muita pretensão desbancar a proposta construtivista, parece-me mais que natural pretender ir para além dela, já que não passa de uma teoria entre outras (SIEMENS, 2004).

Com efeito, na *web* 2.0 os estudantes interagem intensivamente, aparecendo o lado colaborativo como marca fundamental, ainda que isso não desfaça concorrências e conflitos. No entanto, impõe-se negociar dissensos, o que é visto, ademais, como resultado pedagógico dos mais apreciados. Por vezes, os estudantes permutam apenas "opiniões" ou informações copiadas, mas isso não retira o argumento, já que aprender não é mais atividade pessoal, individualista. Certamente falta no construtivismo essa percepção da inteligência coletiva, das mentes conectadas em interação aberta, pelo simples fato de que ele é anterior à *web* 2.0. Com isso o construtivismo não está superado, mas precisa ser – como sempre – desconstruído e reconstruído. Essa é a sina de toda teoria importante. A discussão volta-se, então, para o *design da aprendizagem*, ou seja, para o desafio de construir ambientes de aprendizagem que facultem autoria e autonomia em contextos de interação irrestrita. Papel do professor é saber construir tais ambientes, mantendo-se na função socrática. Referência decisiva são os resultados no aluno, o que também comanda processos de avaliação: no fundo, promove-se a construção das habilidades de produção criativa de textos multimodais, com qualidade formal e política. No horizonte da qualidade formal, trata-se de aprimorar a capacidade de lidar metodológica e teoricamente com conhecimento, tornando-se o aluno produtor autônomo de conhecimento próprio individual e coletivo. No horizonte da qualidade política, entra em cena o desafio colaborativo público marcado pela autoridade do argumento. Pode surgir aí a cidadania que sabe pensar, não agride, grita, provoca, força, pressiona, mas argumenta. A *web* 2.0, por sua estruturação de *software* social, favorece a esse tipo de ambiente aberto de discussão qualitativa (BOETTCHER, 2007; WALLER, 2007; BROWN; VOLTZ, 2005).

Não cabe, porém, ignorar abusos da *web* 2.0, que também serve perfeitamente para fazer todos os plágios possíveis e imagináveis. A ferramenta em si não garante nada. Oferece opções, não automatismos. Waller (2007),[9] por exemplo,

[9] "You find nowadays that PowerPoint is inevitable and used with the slightest of excuses. In the main it no longer supports the speaker as it should but instead acts as a crutch[...] Now we all just stare at the PowerPoint, looking but not seeing, thereby relieving our brain of the tiresome task of seeing what the speaker is saying. Very soon we sill have death by podcast as people with uninspiring voices dump what they have to say onto enormous mp3 files. We will have death by short learning program, rapidly produced by someone who is con-

critica a mania do *PowerPoint*, hoje "obrigatório" em toda palestra e defesa de tese. Primeiro, não é uma ferramenta particularmente criativa, a não ser na organização de conteúdos arrumados com formas e cores. Quase sempre apresenta conteúdo copiado. Segundo, facilmente transita para o argumento de autoridade, quando se aprecia mais o tipo de exposição do que a argumentação. O meio é tão bom quanto o *design* da estratégia de aprendizagem que os educadores usam; cooperação é a palavra chave, não controle; aplicações da *web* 2.0 funcional na base da participação, não coerção; o *design* do curso não visa transmissão e consumo de conteúdo; visa co-criação, compartilhamento, reestruturação dos textos e produtos, sobretudo interação (MASON; RENNIE, 2008:23).

Sendo o *design da aprendizagem* desafio maior, é importante discutir essa questão (CONOLE; FILL, 2005; CAVALLO, 2000). Usam-se muitos termos para categorizar a aprendizagem: distribuída, mesclada, flexível, ao lado de outros tradicionais como educação a distância. Existe alguma tendência a preferir "aprendizagem distribuída", por ser, alegadamente, mais amplo. Na prática, porém, considero essa discussão mal enfocada, porque prioriza procedimentos, mais que a qualidade da aprendizagem. Por exemplo, na educação a distância enfatiza-se a oportunidade de lidar melhor com tempo e lugar, bem como com as necessidades individualizadas dos alunos, mas facilmente a proposta permanece vinculada à "absorção" de conteúdos. Quanto à aprendizagem distribuída, sublinha a customização de ambientes para se encaixarem melhor nos estilos discentes, dentro ou fora do *campus*. Acentuam-se interação e colaboração, mas não aparece, por vezes, preocupação mais visível com a qualidade dos resultados. No caso da aprendizagem mesclada ou flexível, acentuam-se opções pertinentes e abertas de recombinação de materiais, sem, por vezes, admitir que poderiam ser banais. É sobremaneira interessante poder combinar várias tecnologias, produzir textos multimodais, inventar conteúdos aparentemente originais, permanecer aberto a novos *softwares*, sob o rótulo de "aprendizagem mesclada" (*blended learning*), porque se enriquece o leque de opções, referência fundamental da aprendizagem criativa. Mas o "método" sozinho não garante nada. Ainda é sempre mais decisiva a atitude do estudante e o concurso do professor. Compromisso com reflexão, questionamento, desconstrução e reconstrução não decorre automaticamente dos procedimentos.

Mudança fundamental é passar do livro-texto, da apostila, do professor instrucionista, para um ambiente de produção própria colaborativa, sob orientação maiêutica. Não se prioriza transmissão de conteúdos, não só porque não cabe (a mente não copia conteúdos, os reconstrói), mas porque, estando os conteúdos disponíveis, trata-se de os refazer, renovar, tornando-se o modo de aprender pelo menos tão importante quanto saber lidar com conteúdos. *O aspecto formativo nunca é menos relevante que o tratamento dos temas*. Precisamente por isso, pes-

vinced that this will always produce the required results. We will have death by blogs and wikis and we will be inundated with demands to share what we know in online communities[...] If these interventions are not designed by people who know about these things, these events will fail in their purpose[...]" (WALLER, 2007; MASON; RENNIE, 2008:23).

quisa e elaboração são fundamento docente e discente, aliando dois resultados essenciais: o metodológico (construir conhecimento metodologicamente adequado) e o pedagógico (formar melhor o estudante).

No *design* da aprendizagem podem-se estruturar algumas dinâmicas sugestivas, sem decair em cartilhas:

a) primeiro passo é saber valorizar o que os estudantes já fazem e sabem, para que se sintam ponto de partida e sujeitos dessa dinâmica; não é o caso tomar isso como referência intocável; ao contrário, o que se faz e sabe precisa ser desconstruído e reconstruído;
b) segundo passo é definir bem os resultados colimados, mostrando, ademais, sua viabilidade, mesmo exigindo esforço;
c) terceiro passo é desenhar uma multiplicidade de estratégias de trato dos conteúdos e de avaliação, de modo a ir ao encontro de estilos variados dos estudantes;
d) quarto passo é sempre incluir devida assistência aos estudantes, no sentido do cuidado sistemático (DEMO, 2004c);
e) quinto passo é avaliar, durante todo o processo, as condições de elevação do aluno para estágios superiores de pesquisa e elaboração, muito além do ponto de partida; desenha-se aí o ponto de chegada.

Faz parte hoje do *design* de aprendizagem superar distinções estanques como "cursos presenciais e não presenciais", porque apenas mantêm a expectativa instrucionista e disciplinar de professores (EKLUND, 2001; ROBBINS, 2002). Temem que o aluno, podendo aprender longe deles, se livre deles. Qualquer curso não pode ser apenas presencial ou não presencial. Precisa estar mesclado naturalmente, ainda que se possa acentuar isso ou aquilo, mas nunca isoladamente. Educação a distância torna-se nomenclatura obsoleta, não só porque não deveria ser algo concorrente (distância não é propriamente conceito pedagógico), mas principalmente porque não pode confundir-se com facilitações e encurtamentos. Não se trata de que à distância as fraudes são mais fáceis, já que em presença ocorrem também (diz-se que o mais criativo da escola ainda é a cola!). Trata-se de reconhecer que é possível aprender de muitos modos, formal e informalmente, no *campus* e fora dele, em casa, na Internet. Distância facilmente é vista como ausência, em geral por professores que querem alunos dóceis à sua frente, sem perceberem que não há coisa mais ausente do que uma aula instrucionista. Há que respeitar também modos individuais e locais de aprender, ainda que todo curso tenda a alguma homogeneização, naturalmente. Não é o caso introduzir o *laissez-faire*: cada aluno faz o que quer, como quer, quando quer... Por isso, a atenção na qualidade dos resultados é fatal. A assim dita "aprendizagem social" não pode ser apenas um procedimento entusiasmado, mas sobretudo um modo de obter resultados ainda mais qualitativos de formação dos estudantes (THOMPSON, 2007; MAGUIRE, 2005).

3 *Web* 2.0 e suas Ferramentas

Não discuto aqui as propriedades tecnológicas da *web* 2.0, porque isso escapa a minhas condições e interesses. Discuto suas ***propriedades pedagógicas*** possíveis. A questão é: *até que ponto a* web *2.0 favorece o desafio de aprender bem*. Embora seja um pouco apressado dizer que pedagogia vem antes da tecnologia (vêm juntas, também porque tecnologia não é apenas meio), é certo que o desafio formativo é a razão maior de ser. Nesse sentido, sem pedagogia, nada feito. Na verdade, trata-se de envolver os estudantes no processo de aprendizagem, fomentar habilidades de aprendizagem autônoma, embora preferencialmente coletiva, desenvolver habilidade de construção de conhecimento, motivar aprendizagem sem fim. Evitando toda panaceia, Mason e Rennie dão o exemplo de como se poderia usar a *wiki* nesta direção:

> "(i) desenvolver projetos de pesquisa – usando a *wiki* para documentação em andamento do trabalho; (ii) construindo uma bibliografia anotada, colaborativa – usando *links* para prescrever leitura e também para notas sumariadas na leitura; (iii) publicar recursos do curso – professores podem postar material de sala de aula e os estudantes podem postar comentários sobre este material para serem compartilhados por todos; (iv) mapear conceitos – ideias podem ser postadas e editadas para produzir uma rede conectada de recursos; (v) como ferramenta de apresentação – fotos, diagramas e comentário podem ser apresentados na *wiki*, e depois subsequentemente editados para produzir versão revisada; (vi) para autoria grupal – criando e editando um documento único por muitos autores que represente as visões de cada indivíduo, mas atinge um consenso" (2008:52).

Torna-se claro que o desafio formativo é a razão maior de ser. A plataforma *wiki* é uma solução alternativa aos modos face a face tradicionais, com vantagem de ser assíncrona e deixar um rastro da participação de cada qual. Deve-se dizer algo similar quanto ao uso muito apreciado da imagem. São citados dois casos de abuso: vídeo que apenas reproduz a aula; videoconferência com os mesmos trejeitos face a face, tais como: distribuir material de sala de aula, em vez de dar acesso virtual anterior; não apresentando os participantes e não checando se todos estão recebendo o sinal; perguntando questões indiretas e retóricas ("Alguma dúvida quanto a isto?") – ao perguntar frente a uma câmera, não se sabe a quem se pergunta e os estudantes, se forem perguntados, esquivam-se de responder.

Muitas são as ferramentas da *web* 2.0, sem falar que outras vão sendo criadas a todo momento. Para fins dessa discussão, fico aqui com a lista e definições de Mason e Rennie (2008:61): *blogs; wikis; podcasts; e-portfolios; social networking; social bookmaking; photo sharing; second life; online forums; video messaging; e-books; instant messaging; skype; games; mashups; mobile learning; RSS feeds; YouTube; audiographics (List of Social Network Sites*, 2008*)*. Como disse, interessa ressaltar propriedades pedagógicas dessas ferramentas, preliminarmente (HARGADON, 2008).

1. ***Blogs***: em geral sob formato de diário, com a última entrada no topo, permite divulgação de textos multimodais com possibilidade de serem comentados livremente (*Exploring the Blogosphere*, 2008; RAINES, 2005). Seu uso é muito variado, indo desde apresentações pessoais e tópicas até propostas acadêmicas densas, o que faz também variar enormemente os comentários (*Search Engine for Blogs*, 2008). Pode servir facilmente para expor textos à avaliação de pares, provocando *feedback* rápido e atualizado. Uma de suas particularidades mais apreciadas é estender a discussão para além da sala de aula, em ambiente de esfera pública, na qual vale a força sem força do melhor argumento (DOWNES, 2004; DUFFY/BRUNS, 2006). Talvez esse seja seu *efeito pedagógico* mais notável: empurrar os participantes para a autoridade do argumento, já que não há como inventar autoridade indiscutível. De certa maneira, quem divulga seus textos no *blog* "está perdido", no sentido de que está exposto à apreciação pública, nem sempre favorável. Induz a modéstia salutar de escutar críticas. E, como toda crítica pode ser criticada, induz também que todos questionem com elegância, usando argumentação, não procedimentos insidiosos. Pode instalar-se, então, um processo de discussão proveitosa, produtiva e elegante, como exercício primoroso de argumentação e contra-argumentação. Não se trata de convencer a qualquer preço, mas de expor ideias que mereçam a atenção dos outros e seus comentários, negociando dissensos produtivos. Não se imagina chegar a um ponto indiscutível, mas a um processo aberto de discussão criativa. Todo *blog* interessante mantém-se atualizado, ou seja, renova-se periodicamente (FARMER; BARTLETT-BRAGG, 2005; HUETTE, 2006; PARKIN, 2005; SCOTT, 2007).

Esse ambiente, porém, pode facilmente ser abusado ou inócuo (COATES, 2003). Primeiro, podem-se divulgar banalidades ou apresentações personalistas, ou, ainda, ideias fixas que se imaginam inconcussas. Nesse caso, o *blog* poderia entrar no repertório das evangelizações. Segundo, os comentaristas podem ser fúteis também, apenas elogiando ou adicionando textos frívolos, ou ofendendo e agredindo com propostas de baixo calão. Terceiro, o espaço pode ser usado para divulgar conteúdo ofensivo ou chulo, já que o preço da liberdade é seu abuso. O uso mais frequente do *blog* tem sido o jornalístico, com suas virtudes e defeitos (*The Guardian Newspaper Blog Section*, 2008). Entre as virtudes está a ventilação rápida de eventos momentosos, com ampla participação de interessados. Entre os defeitos, está a oferta de opiniões amadoras que não chegam sequer perto da análise fundamentada. Esse é o risco da "opinião", na prática uma fala que não vai além do senso comum. Está se tornando expectativa corrente que todos os professores, em especial pesquisadores, mantenham seu *blog* como forma de debater e divulgar suas ideias, orientar seus alunos e pesquisadores, participar de interações com outros colegas, informar a comunidade interessada. Pode-se usar o *blog* como lugar preferencial para testar ideias e textos, antes de serem publicados por outra via, sobretudo impressa. Isso exige naturalmente que professores tenham a devida modéstia de se entenderem como figuras discutíveis, não como autoridades peremptórias.

Nesse sentido, o *blog* pode simbolizar um espaço pertinente da arte de discutir crítica e criativamente, sobretudo autocriticamente. A coerência da crítica está na autocrítica: não há como eximir o crítico de ser criticado. Como toda crítica pode ser criticada, podem aparecer dois efeitos pedagógicos interessantes: o autor do *blog*, pretendendo ser crítico, precisa saber criticar com base na autoridade do argumento; o crítico do autor do *blog*, como também poderá ser criticado, precisa responder com o mesmo diapasão, ou seja, com a autoridade do argumento. Fomenta o tipo de autoria aberta, entendendo-se cada mente como parte de uma cadeia que não começa do nada, nem chega a ponto final. Teorias únicas, oficiais, não cabem, pois autoridade nunca foi argumento. *Blog* é um antídoto poderoso contra ideias fixas. Embora não precise substituir a sala de aula, a complementa bem, à medida que pode inserir textos e informações adicionais, urgir os alunos a comentarem textos e produções, formar comunidades de prática em torno de temas de interesse coletivo. O *blog* tem um lado mais individual, porque é conduzido pelo autor apenas, sem interferência do público, a não ser comentar. Nesse sentido, fomenta a produção individual. Pode ser visto como referência fundamental para ultrapassar o estilo de docência tradicional que dá aula sem produção própria. Como a publicação no *blog* não passa por escrutínios oficiais (por exemplo, comitês de publicação de editoras e revistas), retira-se a escusa de que não se consegue publicar. Todos podem publicar *on line*, dignificando visivelmente a docência (WELLER, 2007; WILLIAMS; JACOBS, 2004).

2. ***Wikis***: é um empreendimento colaborativo aberto, tendo como objetivo a construção de um texto ou produção comum, de cuja autoria todos participam, não existindo propriamente versão final (*An Example...*, 2008; *Exploring Wikis on line*, 2008). A versão em voga (por vezes dita "neutra" de modo eufemista)

é apenas a atualmente vigente. Permite interação de pares assíncrona, sem exigências prévias formais, ainda que o grupo tenda, no decurso de sua elaboração, a preferir textos com qualidade crescente (NOTARI, 2006; PARKER, 2007). Com a convergência da mídia digital, ao lado do texto impresso, podem-se agregar imagens e sons, bem como movimento. Do ponto de vista educacional, alguns relevos seriam: (i) as *wikis* são ativadas por sujeitos motivados que colaboram por questões de interesse comum; como não há reconhecimento individual – os colaboradores não são citados no texto vigente – a participação se dá pelo apreço ao bem comum; (ii) a premissa fundamental da construção das *wikis* é a crença na construção compartilhada de conhecimento, algo fundamental para aprender bem; nesse sentido, a proposta é centrada no aprendiz, não em algum dono da empreitada; (iii) *wikis* são flexíveis quanto ao modo de organizar informação e expressão, podendo-se adicionar novas páginas, mudar o *layout*, deletar seções ultrapassadas, rumo a um possível consenso negociado; (iv) é viável comparar versões de antes e depois, já que sempre se mantém a trajetória das contribuições individuais; essa marca inibe equipes nas quais um trabalha e os outros assistem; (v) havendo tendência – em nome da qualidade perseguida pelo grupo – de dispensar a desinformação e o conhecimento malfeito ou dúbio, fomenta-se a autoridade do argumento; o texto vigente não vige por autoridade, mas pela qualidade da argumentação (DUFFY; BRUNS, 2006; FERIS; WILDER, 2006; MADER, 2006).

A plataforma *wiki* tem na wikipedia seu maior troféu (WIKIPEDIA, 2008; WILLINSKY, 2007; A *SAMPLE OF WIKIPEDIA*, 2008). São mais de 4 milhões de textos disponíveis e de qualidade reconhecida, em constante crescimento (GORMAN, 2007; PROJECT GUTENBERG, 2008). Dessa produção primorosa proveio a convicção de que é preciso rever o desafio da autoria: não mais individualista, proprietária, mas colaborativa, já que, a rigor, não existe ideia, texto, produção completamente original. Embora não tenhamos ainda resolvido a contento o ônus da leitura em tela (é penoso ler muitas páginas na tela do computador), os textos da wikipedia são cada vez mais usados e respeitados, sem que daí decorra que as enciclopédias tenham perdido sentido. Não se pode esquecer que textos digitais tendem a ser mais sucintos, correspondendo não só ao tamanho diminuto da tela, mas também à expectativa de dinamismo na apresentação (SCHAFFERT et al., 2006). O risco maior é de superficialidade: aquilo que constitui consenso comum pode ser banal, porque é mais fácil negociar consensos sobre trivialidades; difícil é chegar a pontos comuns em questões de vida e morte (GORMAN, 2007; KIRKPATRICK, 2006).

As produções na plataforma *wiki* têm suscitado a expectativa grandiosa de que inteligência não provém do gênio isolado (SAWYER, 2007), mas da conexão de muitas mentes ou de computadores interconectados (GARDNER, 2007). Muitos estão dispostos a acreditar que os bons resultados da wikipedia se devem a isso, não a *expertises* excepcionais. Estamos longe ainda de solucionar essa questão, mas é fato que a wikipedia tem muito sucesso. Ao mesmo tempo, não se pode encobrir que toda *wiki* tem um coordenador, a quem cabe decidir em última instância o que entra e o que sai. Pode-se (deve-se) entender essa figura como "facilitador" e assim se comporta em condições favoráveis, mas quando ocorrem vandalismos ou baixa visível de nível acadêmico, a interferência torna-se inevitável. A tese da emergência coletiva da inteligência não poderia escudar-se na combinação de mentes ignorantes, ainda que essa expressão possa ser inadequada: nenhuma mente, a rigor, é ignorante, do ponto de vista cultural e evolutivo. De todos os modos, a qualidade de um texto não provém apenas do ajuntamento de ideias, mas igualmente da sua desconstrução e reconstrução metódica. Para ambientes educacionais a *wiki* trouxe certo desafogo: como conserva sempre o lastro das contribuições individuais, torna-se inviável fraudar a participação, como facilmente ocorre em grupos de trabalho na escola e na universidade: um ou outro fazem tudo e os outros se aproveitam.

3. ***Podcasting***: fundamentalmente é um arquivo de áudio que pode ser baixado e escutado num aparelho de iPod ou MP3, permitindo estudo móvel, ou num computador ou *laptop* para estudo localizado (DEAL, 2007). São possíveis também *podcasts* de vídeos (chamados de *vidcast* ou *vodcast*), facultando manejo de material visual para acompanhar, por exemplo, *slides* de PowerPoint. O termo *blogcast* é usado para denotar a mescla de duas ferramentas: *blog* e *podcasting*, dentro da tendência convergente das plataformas. O *blog* contém texto associado e torna o *podcast* indexável através de motores de busca. O *podcasting* pode representar oportunidade pertinente para apetrechar estudantes em termos de criação multimodal de conteúdo em projetos autênticos de aprendizagem. Os estudantes atingem níveis mais elevados de participação ativa, tornando-se mais visivelmente atores de suas propostas. Aparecem formas mais sofisticadas de autoria, não só porque se mesclam ferramentas e dinâmicas, mas principalmente porque exigem-se *scripts* mais elaborados e inteligentes (RÜDEL, 2006; JAFARI; KAUFMANN, 2006).

Os estudantes podem conduzir histórias orais e criar produtos que podem ser usados em seus trabalhos escolares. Podem envolver-se em reportagens, interpretação histórica ou narrativas científicas. Podem-se fazer *podcast* de apresentações especiais de professores, não no sentido de gravar aulas, mas de montar cenários de registro eletrônico de contribuições docentes consideradas excelentes. Algumas universidades estão gravando todas as suas aulas, para que os alunos as tenham disponíveis facilmente, mas esse intento pode ser instrucionista, porque, como se diz, coloca-se vinho novo em garrafas velhas. Essa tentação é sempre forte em ambientes de aula reprodutiva, mas já seria um ganho se, com isso, se dispensassem as aulas (todos os alunos teriam já as gravações), usando-se, então, o tempo para pesquisar e elaborar. Ao mesmo tempo, seria oportuno sugerir que os professores, tendo oportunidade de gravar seus conteúdos, não reproduzissem o formato de aula, mas construíssem produtos multimodais mais instigantes. A importância do *podcasting* não está nessa direção, mas na oportunidade de os estudantes fazerem produções próprias multimodais cada vez mais criativas (*Education Podcast Reflection*, 2006).

4. ***E-Portfolios***: são coleções eletrônicas de documentos e outros objetos que sustentam necessidades individuais dos estudantes com respeito ao que está sendo ventilado no curso (BARRETT, 2006).[1] Em grande parte, são usados para comprovar a trajetória de estudo e avaliação, em ritmo sempre atualizado, e como forma de apresentação também pessoal em termos de *curriculum vitae*. Primeiro desafio é envolver os estudantes no sentido de que saibam manter e atualizar seus *e-portfolios*. Segundo, é importante superar a ideia comum de que se trata de estratégia sub-reptícia de avaliação do aluno, mantendo-o sob controle disfarçado de autocontrole. Terceiro, o melhor do *e-portfolio* talvez seja a oportunidade de o estudante assenhorear-se de sua trajetória de estudo, exercitando autocontrole produtivo (ZIMMERMAN et al., 2003; DECI; RYAN, 2002). Esse objetivo deve sempre estar muito acima de outros voltados para processos de acompanhamento e controle externo (BARRETT, 2006). Quarto, *e-portfolios* podem atingir a condição de plataforma sempre a caminho da reflexão crítica do estudante, ao permitir comparar fases, desenhar etapas, perseguir objetivos mais adiante e testar as condições de progresso (SIEMENS, 2004ª; STEFANI et al., 2007).

A ideia mais produtiva parece ser a construção de ambiente que incite o estudante a tomar conta autonomamente de sua vida estudantil (PAJARES; URDAN, 2006). Aparece a noção preciosa de que a vida estudantil não é pacote fechado institucional, mas precisa ser construída passo a passo, tendo o estudante como artífice central. O objetivo mais contundente nem será garantir escores aceitáveis de sucesso, mas principalmente o cultivo da habilidade de desafiar criativamente as potencialidades de estudo e formação. Como parte da *web* 2.0, os *e-portfolios* não podem ser apenas uma coleção de papéis burocráticos para atestar rotinas, mas referência sempre aberta e provocativa de recriação da vida acadêmica. Pode contribuir para a noção de formação profissional interminável, à medida que se entende profissão como desafio a ser sempre reconstruído, não por submissão ao mercado, mas como condição de realização sobretudo pessoal e social. Têm a vantagem de serem portáteis, e, na condição de produto digital, permitem manipulação mais efetiva (GATHERCOAL et al., 2002).

5. ***Social Networking tais como MySpace e Facebook***: *sites* de *social networking* (dinâmica social em rede) tornaram-se muito populares entre jovens de um instante para outro (BOGATIN, 2007; BUGEJA, 2006). Oferecem uma rede de amigos interativa e controlada pelo usuário, perfis pessoais, *blogs*, grupos, fotos, música e vídeos, também em escala internacional. *MySpace.com* é um dos mais populares que permite aos membros arquitetar perfis pessoais únicos e que podem ser conectados em conjunto através de redes de amigos.

---

[1] Disponível em: <http://www.eportfolio.org/>.

Os membros podem ver os perfis uns dos outros, comunicar-se com velhos amigos e encontrar novos no serviço, partilhar fotos, postar jornais e comentários e descrever seus interesses. *Facebook* é outro *site* relevante, originalmente desenvolvido para estudantes colegiais e universitários, mas ultimamente tornado disponível para todos que tenham um endereço de *email*. As pessoas podem optar por conectar-se com uma ou mais redes, conforme seus interesses. Nesse momento, *Facebook* tornou-se o *site* número um para fotos, à frente de *sites* públicos como *Flickr*, e é o sexto *site* mais visitado nos Estados Unidos. Divulgam-se boletins postados *on line* num painel para todos incluídos numa lista de usuários, usados para notificar amigos, sem ter de recorrer a contato individualizado. Há também o uso de tais boletins para enviar mensagens sobre política, religião ou qualquer outro assunto. São, porém, um dos alvos mais comuns para captar sorrateiramente informação para usos escusos. Os boletins, em geral, são apagados em 10 dias. Também existe já a formação de grupos que usam uma página comum, sempre com a presença de algum moderador que pode introduzir ou recusar novos membros. Através dos perfis digitalizados (que podem admitir ampla sofisticação, por exemplo, ambientes de imagem e som), é sempre possível para cada membro escolher os relacionamentos a gosto (*List of Social Network Sites*, 2008).

Em termos educacionais, tais ambientes podem servir como referência instigante para o propósito de construir amizades no mundo virtual, com opções e riscos, partindo da construção do próprio perfil, seguindo com a seleção de relacionamentos, até um tipo de convivência social virtual marcado pela autonomia e autoria. É fato conhecido que as áreas de fóruns sociais na educação superior recebem mais mensagens e visitas do que conferências educacionais. Assim, desde a introdução, nos anos 90, dos fóruns educacionais, os educadores começaram a perceber que a comunicação social é aspecto crucial da aprendizagem. As pessoas são sôfregas por comunicação, por comunicarem-se e serem comunicadas, muito mais do que se imagina, comprovando a tese de Mika (2007) da urgência de estudo dos relacionamentos virtuais. Os relacionamentos admitem a faceta da construção pessoal, coletiva, personalizada, de tal forma que cada participante investe cuidado em sua apresentação e renovação do perfil (BOYD, 2006).

Outro horizonte educacional pode ser visto na oportunidade de criatividade dos estudantes, seja na apresentação dos perfis, seja na apresentação artística através de fotos e música. Deixando de lado óbvios preciosismos e frivolidades exibicionistas, não se escapa de reconhecer que temos aí fenômeno de relevância enorme e crescente, fruto de mudanças também incentivadas por plataformas participativas na Internet. Tais *sites* proporcionam aos estudantes o sentimento de pertença e a chance de explorar e compartilhar a própria identidade, em ambientes multiculturais. Existe sempre o problema de perfis adulterados ou fraudulentos de membros que manipulam ou vendem identidade inverídica, mas essa mazela faz parte da liberdade de apresentação pessoal (DORN, 2007; RADIOKILLS, 2008).

6. ***Social Bookmarking***: "marcação social de página" (tradução literal) é um sistema no qual usuários estocam listas de recursos de Internet que acham úteis. Seu acesso pode ser restrito ou público, e é em geral organizado por interesses similares distribuídos em categorias, etiquetas ou mesmo aleatoriamente. As palavras-chave para marcação em geral têm origem informal monitorada pelo usuário. A maioria dos serviços digitais de "*bookmarking*" permitem aos interessados buscar anotações associados a etiquetas dadas, inclusive organizar por alguma ordem de precedência ou importância. Alguns *sites* introduziram algoritmos para sacar inferências das palavras-chave e das relações mútuas entre etiquetas. Dada a crescente popularidade do "*social bookmarking*" e o crescimento de *sites* concorrentes, os serviços se expandiram notavelmente, abrangendo hoje não apenas categorizações informais compartilhadas, mas avaliações mais densas, comentários, chance de importar e exportar conteúdos, acréscimo de notas, resenhas, *links* de *email*, notificação automática, subscrição de *feeds*, anotação de *web* e criação de grupos e redes sociais. Tendo em vista que a classificação e organização dos recursos é processo continuamente em evolução, muitos serviços de "*bookmarking*" facultam aos usuários subscrever a "*feeds*" da *web* com base em etiquetas ou coleções de etiquetas. Isso permite que os interessados sejam notificados ao surgirem novos recursos em algum tópico. A origem maior do "*social bookmarking*" foi propriamente acadêmica, movida pelo desejo pessoal de partilhar *links* e marcações de livros com parceiros dotados de interesses similares. Em sua face colaborativa, o sistema surgiu como forma marcante organizacional de colher informação e conhecimento de trabalhadores na expectativa de armazenar e colocar à disposição de outros trabalhadores. No fundo, o sistema aprimorou relacionamentos, mais do que vinculou pessoas a *websites* relevantes. As etiquetas são descritores simples (em geral de uma palavra), que se atribuem às marcações, sendo como palavras-chave não hierárquicas. Podem-se atribuir etiquetas à vontade, bem como mudá-las. Etiquetar informação pode ser mais fácil e flexível do que preencher tabelas prévias e definidas. Por isso, a etiquetação colaborativa é vista como geração de metadados de *folksonomy*[2] democrática, por dispensar controle centralizado, ainda que ocorram facilmente, ao lado de metadados, "meta-ruídos" (HAMMOND et al., 2005).

Com respeito ao uso educacional do "*social bookmarking*", a primeira utilidade é permitir a grupos montarem uma rede para partilhar recursos considerados relevantes durante a construção de algum projeto. Ao fundo, pode aparecer um estilo de leitura compartilhada de textos, esquadrinhando-os com marcações criativas e que podem ser, propriamente, interpretações pertinentes. Expertos podem compartilhar sua etiquetação com novatos, bem como os estudantes podem distribuir para seus pares. Cabe como resposta inteligente à pletora excessiva de

---

2 *Folksonomy*: "Um tipo de sistema de classificação para conteúdo *on line*, criado por um usuário individual que etiqueta informação com palavras-chave livremente escolhidas; também, a cooperação de um grupo de pessoas para criar tal sistema de classificação". Disponível em: <http://dictionary.reference.com/search?q=folksonomy>.

informação disponível, aplicando-lhe modos de classificação cooperativa e que se torna um modo pertinente de colocar um pouco de ordem no caos. Representa ferramenta ideal para processos de pesquisa, pois possibilita seguir as pegadas de materiais e comentários *on line*. Sendo tendencialmente informais as classificações, ocorrem amadorismos óbvios, mas que podem ser corrigidos coletivamente. Nem sempre as etiquetas são criativas, mas podem servir para classificações úteis. No mínimo, essa plataforma empurra os interessados a reagirem frente ao montante de informação disponível, recorrendo a estratégias de ordenamento (ISKOLD, 2006).

7. ***Photo Sharing, Flickr***: refere-se à publicação ou transferência de fotos do usuário *on line*, de sorte que possam ser compartilhadas por outros, mais privada, ou mais publicamente. Desafio técnico importante são modos mais facilitados de carregar e apresentar imagens, evitando tomar espaço e tempo demasiados. Tais programas podem ser aplicados também a galerias *on line* de fotos, incluindo-se *fotoblogs*. Nestes a tendência é apenas apresentar um apanhado cronológico de fotos selecionadas, enquanto outras plataformas permitem ainda organizar múltipas encenações, classificar fotos em álbuns, acrescentar anotações e comentários. Flickr é atualmente o *site* mais popular de compartilhamento de fotos e, seguindo a tendência da convergência das tecnologias, foi agregando outras funções, em especial mais colaborativas e criativas. Um exemplo é a aplicação de etiquetas que permitem busca mais fácil de fotos por categorias. Opção importante é adicionar anotações a uma imagem, tornando-a mais interessante em si mesma e para uso posterior. O acesso torna-se mais rápido a imagens etiquetadas, o que valeu o reconhecimento à plataforma Flickr de *folksonomy* mais bem-sucedida. Existe agora também a opção de "nuvens de etiquetas", um retrato visual de etiquetas usadas num *website*: as etiquetas mais usadas aparecem à frente ou com alguma outra ênfase ou ordenamento, permitindo manejo e busca mais confiáveis. Há meios de preservar a privacidade através de classificações de uso permitido (*Education Podcast Reflection*, 2006).

Em termos educacionais, Flickr contém montanhas de imagens interessantes para todo possível uso escolar e acadêmico, podendo aprimorar habilidades visuais em particular. O desafio é não restringir-se à transmissão de conteúdos (repasse de fotos, imagens), mas rumar para textos multimodais que aliem texto impresso com imagem, sobretudo imagem em movimento. Afinal, todo trabalho acadêmico pode tornar-se mais pertinente e atraente, se souber lidar também com imagem, tornando-a não somente enfeite, ilustração, mas parte do argumento (KRESS; LEEUWEN, 2005). Algo mais criativo é o agrupamento de ideias facultado pela plataforma Flickr, de sorte que uma ideia específica pode ser referenciada de muitos modos.

> "Este traço pode ser o foco de um jogo educacional útil, no qual os estudantes listam todas as etiquetas (categorias) que podem ser pensadas de

um conceito particular. Então, usando a facilidade de agrupamento (*clustering*), analisam os modos diferentes em que a palavra tem sido usada pelas pessoas para etiquetar conceitos diferentes. Este tipo de pensamento inferencial auxilia a alargar o pensamento dos estudantes, ademais de ajudá-los a pensar em termos de conexões, ao invés de termos isolados. Precisam comparar e contrastar etiquetas" (MASON; RENNIE, 2008:85). Pode-se sonhar, assim, com futuros próximos nos quais a academia possa valorizar textos alternativos, não menos profundos, como, por exemplo, uma tese que mescle partes impressas com outras dotadas de imagem e som, animação, sob o formato de DVD ou coisa parecida (FLICKR, 2008; 2008a; 2008b).

8. ***Second Life***: proposta surgida em 2003 através do *Linden Lab* na Califórnia, *Second Life* (Segunda Vida) é constituída por um ambiente virtual de multiuso em 3D. É um "lugar" virtual onde se reside, se comunica e se fazem negócios (ROBBINS; BELL, 2007). Contém ainda um mercado plenamente integrado e bem desenvolvido, permitindo transações milionárias. Residentes criam e retêm propriedade intelectual sobre seus bens e serviços virtuais, em contexto motivador de negócios e marketing. Cada participante monta um avatar personalizado que o representa no mundo virtual e que anda, voa, gesticula. A comunicação é feita por *chat*, por arquivos e documentos, e mesmo por voz em teleconferência. Não é um jogo, não tem objetivo aparente e a maioria dos recursos não sofre restrição. Os caracteres se movem pelo espaço, respiram água, não envelhecem ou morrem. Na prática, é um espaço colaborativo de trabalho e ação. Inspirado na dinâmica de mercado, os adeptos de *Second Life* apostam que os desdobramentos irão proliferar, rumo a uma *web* 3.0 ou *web* 3.D (*Annotated Bibliography...*, 2008; *Second Life Community Convention*, 2008).

Em termos educacionais, podem-se encontrar nessa plataforma muitas sugestões de atividades, como exercícios de presença virtual, trabalho cooperativo em computador, novos estudos de mídia e inserção corporativa, em particular por conta da referência expressiva ao mercado (*Educational Uses...*, 2008). *Second Life* pode ser usada em complementação ao sistema tradicional (aula), como meio para enriquecer atividades para além das curriculares formais, atingir participantes internacionais em condições multiculturais instigantes, aprimorar iniciativas sem presença física, com a vantagem de que, sendo todos os residentes visíveis virtualmente, não cabe "desaparecer". Aponta-se como característica marcante a qualidade da interação, muito acima dos fóruns e *games on line*, ainda que não substitua, obviamente, a comunicação face a face. Corre o risco de, sendo uma vida "segunda", parecer parasitária, mas, na prática, tem sido muito motivadora, ao proporcionar o uso de simulação em ambiente seguro para aprimorar aprendizagem experiencial, praticar habilidades de manejo de configurações em 3D, tentar ideias novas e aprender dos erros. A marca virtual, ao invés do temor de alienação, tem servido para preparar ainda melhor os interessados para tarefas do mundo real, na expectativa já forte de que, um dia, os mundos real e virtual irão se fundir. Ademais, o trabalho virtual cresce, facultando evitar horas de engarrafamento e confinamento em escritórios (*Second Life Education Wiki*, 2008).

9. ***On line Forums***: há vários nomes para essa plataforma – conferência de computador, fóruns da web, painéis de mensagem, painéis de discussão, grupos (eletrônicos) de discussão, fóruns de discussão, painéis de boletim – todos apontando para a oportunidade de encenar discussões participativas virtuais (DIXON et al., 2006). Uma das referências mais conhecidas entre nós é o espaço "fórum" no *moodle*, através do qual os professores motivam seus alunos a participarem de discussões integradas no curso. Fórum é um *website* composto de um número de "fios" encadeados (*threads*). Cada fio encadeia uma discussão ou conversa sob a forma de uma série de postagens escritas pelos participantes. Tais fios ficam salvos para posterior uso e conferência. A maioria dos fóruns permite mais de uma versão, sendo que os fios são ou rasos (postagens são listadas na ordem cronológica) ou encadeados (cada postagem é feita em resposta uma postagem fonte). O administrador pode editar, apagar, mover ou modificar qualquer fio, bem como fechar o painel, mudar itens de *software* e banir/apagar/criar membros. "Discussão" pode facilmente degenerar em agressões ou admitir linguagem e conteúdos inadequados, tornando-se importante o papel do moderador. Há a vantagem sobre o *blog* de cada participante poder iniciar nova discussão, mas, ao contrário da *wiki*, não se podem editar as mensagens alheias.

Com respeito a fins educacionais, o desafio é de motivar atividades questionadoras que se inspirem na autoridade do argumento, em ambiente aberto, livre, mas civilizado. Não é fácil criar senso de comunidade, evitando-se os extremos das adesões simplórias (mensagens que só elogiam ou não dizem nada) e das agressões predatórias (destruir tudo) (THOMPSON; MACDONALD, 2005). No entanto, quando se consegue esse senso de comunidade, em geral os estudantes confirmam aprender melhor (MCCONNELL et al., 2004). Há outros problemas, como risco de dispersão (mensagens fora de lugar) e superficialidade, perdendo-se o tom de "questionamento" em profundidade. Não há como propriamente garantir a qualidade, porque depende do ambiente criado favorável, sem falar que a participação tende a ser díspar: alguns participam muito (por vezes demais), enquanto outros se mantêm a distância. Essas cautelas, entretanto, só fazem aumentar o interesse pedagógico por discussões bem-feitas, aliando capacidade de expressão e elaboração (ROVAI, 2002).

10. ***Video Messaging***: "mensagem por vídeo" implica ferramentas que permitem conferência, conversa, contato via vídeo, ou seja, oportunizando que os participantes se vejam. Em geral fáceis de manipular e relativamente baratas, são mais sofisticadas do que o popular "*instant messaging*" (mensagem instantânea), muito usado em celulares. Ocorrem desdobramentos tecnológicos constantes, em especial a convergência de outras ferramentas, que enriquecem sobremaneira o

ambiente (por exemplo, uso concomitante de *iPods* e *podcasting*, ou de *VoIP*). A novidade mais procurada é a oportunidade de os participantes se verem, algo sempre sonhado na telefonia e que há de vir em breve para uso popular (*Instant Messaging*..., 2008).

No espaço educacional, essas ferramentas são apropriadas para tutoria de pequenos grupos ou para seminários fortemente participativos (todos se veem) em regiões distantes, sempre em tempo real. É possível, dependendo do equipamento (*FlashMeeting*, por exemplo), gravar a sessão e usar depois, facilitando a vida dos que não puderam estar presentes. Em geral, somente um pode falar de cada vez, o que implica organização adequada do uso do tempo. Isso, porém, pode ser útil no sentido de dar a devida atenção a cada qual, em sua vez. Outros, de fora, podem mandar mensagens de texto e tornarem-se participantes indiretos. Muitas escolas estão aderindo ao "*video messaging*", tanto pela motivação e participação que pode acarretar, quanto pela possibilidade de comunicação com outras culturas, em especial no aprendizado de línguas estrangeiras (Video Messaging, 2008).

11. ***E-Books***: "livros virtuais" são versões eletrônicas de livros convencionais, podendo ser lidos e manipulados na tela digitalmente (*National Academies Press*, 2008). Como produtos digitais são mais flexíveis, há muitos formatos de livros virtuais, o que acirra ainda mais a concorrência com os livros comuns, sobretudo se levarmos em conta que, usando convergência tecnológica, é possível acoplar áudio e vídeo, bem como *hyperlinks* para outras fontes. Por definição, são portáveis, mas sua vantagem está principalmente em poderem ser manipulados digitalmente (anotar, buscar assuntos e autores, sublinhar, mudar texto etc.). Há programas voltados para a popularização de livros digitais (*Project Gutenberg*, por exemplo) (*Project Gutenberg*, 2008), dentro da expectativa de facilitar acesso (livros comuns costumam ser caros e por vezes de difícil acesso), democratizar o uso, criar um domínio público sem interferência de direitos autorais, elevar os índices de leitura na população. Claramente, a indústria atual do livro convencional está se ressentindo, seja porque os alunos raramente vão à biblioteca (vão para a Internet!), seja porque os custos são considerados excessivos do livro impresso, seja porque os livros digitais aparecem cada vez mais enfeitados e motivadores. Ademais, são comuns queixas contra abuso do *copyright* e direitos de propriedade intelectual (ROSE; MEYER, 2002; SHIRATUDDIN et al., 2003).

Tais recursos possuem virtudes educacionais claras, permitindo rápida circulação dos textos, com custo baixo ou nenhum, dando acesso a obras especializadas que já não são mais publicadas, atualizando sempre a informação/versão. Incorporando *links* a ferramentas participativas (fórum de discussão, *wiki*, *blog*), a interação eleva-se muito, chegando ao nível de criação de conteúdo pelo participante. A construção compartilhada de conhecimento poderia ser o carro-chefe dessa plataforma, encaixando a ideia pedagogicamente correta de *ler um autor para se tornar autor* (SUNSTEIN, 2006; TAPSCOTT; WILLIAMS, 2007). Embora direitos autorais devam ser respeitados, do ponto de vista educacional é importante ampliar o acesso irrestrito de todos, em nome do reconhecimento de que toda ideia, não sendo propriamente original, deveria ser vista como patrimônio comum. Num país em que se lê tão pouco (DEMO, 2005a), aparece uma esperança de popularizar, via instrumentos virtuais, a leitura, ainda que essa popularização seja de algo bem menos popular que é o acesso a computador.

12. ***Instant Messaging***: "mensagem instantânea" é um modo de comunicação sincrônica *on line*, facultando que dois (por vezes mais de dois, dependendo do *software*) usuários de computador se comuniquem através de uma conexão em rede. O meio primário é texto, mas, com o avanço das tecnologias, já é viável usar áudio e vídeo também. Há aplicações que permitem manejar melhor as mensagens (por exemplo, saber se o contato procurado está disponível, ocupado ou fora do computador; evitar resposta forçada imediata). Prevê-se que essa ferramenta irá ultrapassar o *email* como modo primário de comunicação *on line* (CRAIG, 2003; FARMER, 2003; Instant Messaging, 2008; Lenhart, 2004).

Em termos educacionais, abre-se a oportunidade de contato irrestrito entre estudantes e professorado, em especial em horas predeterminadas. Isso não substitui orientação face a face, naturalmente, porque ambientes educacionais humanos supõem contato direto também. No entanto, também no mundo virtual é possível desenvolver habilidades fundamentais de comunicação e relacionamento recíproco que não dependem de presença física. Podem-se, com isso, armar ambientes de dedicação mais intensa a certas discussões e textos, à medida que muitos estudantes mantêm-se ligados em seu andamento e pesquisa. Embora a virtude principal seja de ordem social, as mensagens implicam alguma elaboração, e, dependendo do tópico, muita elaboração (JEONG, 2007; WYMER, 2006; NICHOLSON, 2002).

13. ***Skype***: está se tornando massivamente popular como expediente de telefonia ilimitada livre entre usuários *on line*, ao lado de outras ferramentas como *Voice-over IP* (*VoIP*). Trata-se de um modo de comunicação em rede entre pares (*peer-to-peer*), em geral com relação ética considerável em termos de participação, colaboração e compartilhamento responsável. Participantes do *skype* compartilham conversas e informações, ao mesmo tempo em que expandem suas redes sociais, combinando, em geral, aplicação de voz e a função de mensagem instantânea. Na prática é como ter numa vez só à mão *email*, mensagem instantânea e conexão telefônica de alta qualidade.

A face educacional mais nítida é a ampliação de contatos gratuitos em escala global, permitindo experiência inter e multiculturais notáveis. Embora sempre haja abusos, bem como uso tendencialmente apenas reprodutivo, pode implicar troca elaborada de conteúdos, ao lado da promoção de ambientes bem comunicados de pesquisa e construção de textos (ANGELL, 2005; ELLIOTT; RISHEL, 2007; SCHWARTZ et al., 2004).

14. ***Jogos e Simulações***: muitos autores consideram jogos eletrônicos como ambiente de aprendizagem mais favorável no momento, como pretendem Gee (2003; 2004; 2007; 2008) e Prensky (2001; 2001a; 2006), em especial. Jogos de computador podem ser configurados em computadores de mesa, TVs, consoles, equipamentos móveis via CD-Rom, DVD, cartuchos, ou podem ser *on line*. Já é uma indústria poderosa e suplantou a noção tradicional de "jogo pedagógico", em favor de jogos comerciais dotados de virtudes pedagógicas eminentes. Enquanto jogos pedagógicos em geral só motivam os próprios educadores, jogos eletrônicos comerciais conseguem combinar interesse comercial com níveis consideráveis de motivação e autoria. Além da construção do avatar, os jogos permitem mudança relativa das regras, dos ambientes em 3D, do roteiro, além de incentivar discussões acaloradas *on line* sobre o jogo, suas etapas, dificuldades. Pode-se jogar individual e coletivamente, facultando a conjugação multicultural dos jogadores pelo mundo afora. A sensação de liberdade pode ser tão grande (embora em grande parte ilusória, porque o jogo, ao final, é um produto consumado e consumido), que parece possível fazer qualquer coisa dentro dos limites virtuais, em especial em termos de simulação (CLARK, 2005). Em geral, os jogos supõem habilidades de várias ordens, entre elas manejo dos aparelhos, fluência tecnológica, grande poder de concentração e comunicação, capacidade de estudo e pesquisa (SHAFFER, 2006).

Os jogadores, dependendo das demandas do jogo, dedicam tempo significativo para pesquisa de conteúdos, ambientes e argumentos, exigidos para resolver os enigmas apresentados em etapas crescentes. Essa atividade é feita, em geral, coletivamente, no que se tem chamado de "*peer-university*", um termo para designar a discussão *on line* de comunidades de prática. Embora esse tipo de pesquisa se dê, em geral, em contexto amador (sem método), ainda assim contribui enormemente para que o jogador se mantenha participativo, envolvido, como sujeito. Aparece, por trás, o desafio importante de considerar jogo como construção, não como mero seguimento de regras, em posição passiva. Os jogos comerciais descobriram essa vertente com grande êxito: não oferecem jogos prontos, mas que permitem ser construídos, em parte. Ao final, o jogo é um projeto fechado, também porque é propriedade particular comercial. Mas abrem-se grandes perspectivas de liberdade de ação, ou, pelo menos, de sensação de liberdade, atributo fundamental de quem aprende bem. Na busca de solução dos problemas, os jogos incitam os jogadores a construírem planejamentos e estruturações adequadas, com devida lógica e sequência, aprendendo a induzir, inferir, deduzir efetivamente.

O crescimento vertiginoso dos jogos eletrônicos induziu acentuado interesse acadêmico, tornando-se aos poucos curso ou matéria de curso em universidades (WOLF; PERRON, 2003; BOGOST, 2006; 2007), bem como objeto de análises sofisticadas da linguagem virtual e de textos multimodais (MASSUMI, 2002; HAYLES, 2008). De certa forma, insinua-se que, se a escola quiser estar à altura da demanda de aprendizagem das novas gerações, terá que seguir os passos dos jogos eletrônicos (OBLINGER, 2004).

15. ***Mashups***: "mesclas" representam a criação de algo novo a partir de partes de várias fontes separadas, com o intuito de produzir alguma coisa que poderia ser vista como inovadora. O nome surgiu da prática de misturar duas ou mais canções e hoje indica a combinação de *bits* de *websites* ou aplicações existentes, e, mais generosamente, o reaproveitamento de informação, utilizando-se de muitas referências como Google, eBay, Amazon, Flickr, Yahoo (A MASHUP..., 2008; *A Sample of Wikipedia*, 2008). Na discussão sobre autoria na *web* 2.0 usa-se o termo "*remix*" (WEINBERGER, 2007), para sugerir que todos os produtos criados são, na prática, recriações, assim como nós mesmos somos apenas uma recriação.

> "O fenômeno dos *mashups* reflete o ambiente prevalente da web 2.0: não se trata mais de coleção de páginas, à medida que as pessoas estão tomando controle muito maior do que fazem *online*. Criatividade é a palavra chave dos *mashups*, impulsionada pela coleta de *bits* e pedaços de um número de *websites*, ajuntando-os de maneira inteligente" (MASON; RENNIE, 2008:113).

Existe sempre o risco iminente de cópia camuflada, porque, ao lado de movimentos criativos, persistem situações apenas reaproveitadas mimeticamente. Como nossa mente, por conta de sua dinâmica autopoiética, na verdade, não copia, pode-se imaginar que algo sempre se cria. A mescla de componentes é facilitada pela configuração própria digital de "operações de unidade" (BOGOST, 2006): as unidades são móveis, podem ser desligadas e religadas, o que permite manter a dinâmica para além do sistema.

Com respeito ao aproveitamento em educação, o desafio é incentivar atividades cujo "*remix*" possa sempre ser visto como criativo. Em ambientes instrucionistas como os nossos, a tendência de reprodução é flagrante, também porque a maioria das aulas é apenas copiada. A noção mais útil talvez seja a atitude de, frente à informação disponível na *web*, nunca tomá-la como dada para meramente absorver. É importante mudar alguma coisa, não apenas por mudar, mas para explorar alternativas e reforçar a posição de sujeito. Em termos gerais, pode-se aproveitar essa plataforma para desconstruir teorias únicas, orientando os alunos a construírem seu próprio "*remix*", desde que com devida qualidade acadêmica (BROWN, 2007).

16. ***Mobile Learning (M-Learning)***: "aprendizagem móvel" é possível através de equipamentos como celulares, PDAs (*Personal Digital Assistants*), tocadores de MP3, jogos portáteis, aparelhos que cabem na mão, tabletes e *laptops*. Atualmente persiste a tendência convergente de todos esses aparelhos para um só ou poucos. Por exemplo, "*Smartphones*" combinam telefonia, computação, envio de mensagens e multimídia. Tecnologia sem fio vai se tornando comum nos *campi* e mesmo em cidades, de sorte que os estudantes e professores podem manter-se conectados ininterruptamente, se quiserem (KUKULSKA-HULME; TRAXLER, 2005). Há também a tendência de os *laptops* se tornarem mais presentes que os computadores de mesa, reforçando a noção da mobilidade de acesso (ATTWELL; SAVILLE-SMITH, 2004; FISHER et al., 2006; ATTWELL, 2008).

A comunicação móvel pode ser relevante para fins educativos, em especial para aprimorar a noção de controle pessoal de seu processo formativo e comunicativo.

> "Aprendizagem móvel é considerada o passo seguinte numa longa tradição de aprendizagem mediada por tecnologia que está rumando para estilos mais conectados ubíquos, pervasivos e pessoais. Aprendizagem é um ato profundamente pessoal que é facilitado quando experiências de aprendizagem são relevantes, confiáveis e motivadoras. A promessa dos equipamentos móveis é que auxiliam aos *designers* de cursos inovadores a oferecer estratégias apropriadas, ferramentas e recursos para diferentes tipos de aprendizagem" (MASON; RENNIE, 2008:118).

Embora comunicação a toda hora possa também ser problema (muitos diriam que, de repente, deve haver um momento em que nos livramos do celular, por exemplo), em termos educacionais a conectividade e a interatividade são dinâmicas certamente formativas, por conta de sua possível colaborativa (WAGNER, 2005; *International Review...*, 2008).

17. ***RSS Feeds***: essa abreviação refere-se a *Really Simple Syndication*" (em tradução livre: modo de organizar publicações simultâneas de forma realmente simples),[3] consistindo em um conjunto de formatos de *feed* ("ração") na *web* usados para publicar conteúdo frequentemente atualizado, tais como entradas de *blog* e *wiki*, novas manchetes ou *podcasts* (MASON; RENNIE, 2008:122). Cada "*feed*" contém, em geral, ou um sumário do conteúdo do *site* associado ou o texto inteiro. Disso provém o significado alternativo da mesma abreviação: *Rich Site Summary* (Sumário rico de *site*). Sua relevância está em tornar possível às pessoas manterem-se atualizadas com seus *sites* favoritos de maneira automática. O interessado subscreve-se a uma "*feed*" entrando no *link* da *feed* ou clicando numa ícone de RSS num *site* de busca que inicia o processo de subscrição. O leitor checa regularmente as *feeds* subscritas do interessado em termos de conteúdo novo, baixando todas as atualizações que encontra. Torna-se clara a função de lidar melhor com o montante vasto de informação na *web*, à medida que constrói uma estratégia seletiva e sempre atualizada. Dentro dessa tendência é possível que o uso de RSS se torne o veículo principal de interação com a Internet. Um arquivo de RSS tipicamente mostrará o conteúdo mais recente de um *website*, normalmente por volta de dez itens, atualizados sempre que ocorrer novidade. Através de um agregador é viável comandar um número amplo de arquivos de RSS. Com

---

[3] *"To publish simultaneously, or supply for simultaneous publication, in a number of newspapers or other periodicals in different places"*. Disponível em: <http://dictionary.reference.com/browse/syndication>.

o avanço da tecnologia, leitores de mesa, tais como *AmphetaDesk*, *FeedDemon* e *NewsGator*, dividem as telas em três painéis: uma lista de *feeds* subscritos; uma lista de títulos a partir da *feed* correntemente selecionado; o texto do item selecionado (*A quick start...*, 2008; ASHWIN et al., 2007).

Há hoje oferta de *feeds*, o que dispensa de correr atrás. Há também diretórios de novas *feeds* para encontrar uma *feed* adequada para um assunto particular. Alunos envolvidos em pesquisa de fronteira podem lançar mão de RSS para monitorar novidades e motores de busca. Em projetos colaborativos *on line*, pode-se recorrer a *feeds* de RSS para notificar os outros com respeito a novas contribuições. Assim, essa tecnologia, embora não exija em si mesma processos de elaboração propriamente dita, faz parte de instrumentação interessantíssima e oportuníssima para alimentar processos de construção de conteúdos. A própria tendência de tornar-se modo predominante de interagir com a Internet, permitindo tanto montar um espectro de acompanhamento de assuntos favoritos, quanto manter-se neles atualizado, já indica enorme potencialidade educacional (D'SOUZA, 2006).

18. ***Video Clips e YouTube***: existe já a expressão "geração *YouTube*" para designar o grupo de usuários da Internet que utilizam a tecnologia de hoje de compartilhamento de vídeo com a facilidade de baixar vídeo pessoalmente. O termo *Vlog* é um ramo desse grupo, facultando aos usuários "*blogar*" suas vidas e experiências, acrescentando ao material escrito montagens com vídeo (por exemplo, de suas viagens). O compartilhamento de vídeo está incrementando de modo explosivo várias indústrias, como de *advertising* e música. Pode sempre aparecer a questão do *copyright*, mas aceita-se o acordo de que, não havendo queixa, o vídeo pode ser publicado... (IERG, 2008).

Está claro que esse meio pode enriquecer muito a experiência de aprendizagem para alunos, à medida que entra em cena a possibilidade de construir e usar tomadas de vídeo, não só tornando o texto multimodal, mas principalmente abrindo o horizonte do tratamento de imagens em movimento (KRESS; LEEUWEN, 2005). Mais que usar imagens disponíveis, essa ferramenta aponta para o desafio de saber criar conteúdos, assumindo a pretensão de criar textos que combinem partes escritas com imagens instigantes. As lógicas são bem diferentes: não faz sentido interpretar imagens como se fossem textos escritos (COIRO et al., 2008). Imagens não são hierárquicas, centralizadas, alinhadas, o que sugere estilos diferenciados de reconstruir as propostas (YouTube, 2006).

19. ***Audiographics ou quadros brancos interativos/eletrônicos***: quadros brancos interativos indicam a oportunidade de, numa aula, escrever e desenhar conteúdos numa superfície, imprimi-los, salvar no computador e distribuir em rede. Quadros brancos eletrônicos são um sistema que implica chance em rede de áudio e compartilhamento de tela, mais apropriado para situações sem presença física. Trata-se de conferência com dados em tempo real combinados com capacidade de áudio, ou audioconferência num computador pessoal. Surge a chance de comunicação de mão dupla, bem como de compartilhamento de tela (para ver fotos ou gráficos) e também, em alguns casos, compartilhar aplicações de computador. Pode ocorrer alto grau de interatividade entre estudantes, bem como entre estudantes e professor. Havendo questões durante a tarefa, os estudantes podem perguntar e o professor responder *on line*, em tempo real. Em geral, há duas modalidades de uso: (i) os alunos estão reunidos num centro compartilhando uma tela e o professor está remoto; (ii) todos os participantes fazem acesso através de um computador pessoal e cada qual tem uma tela e conexão de áudio.

Certamente, há um lado menos positivo nessas tecnologias, porque permitem cópia facilitada, em especial quando se trata de quadros brancos, que, sendo possível construir neles expressões digitalizadas, podem ser copiadas com um clique pelos estudantes. É tudo o que cursinhos de vestibular apreciariam... Mas não é o quadro que tem problemas (a tecnologia é muito interessante), mas sim as pessoas que usam. Há faces muito positivas, a começar pela interatividade que permite, e como possível áudio. As pessoas podem usar o quadro para criar conteúdos pertinentes, que se tornam ainda mais multimodais, gerando oportunidades excitantes de construções alternativas (PULLEN, 2006; ROWE et al., 2006).

Essa é a lista de ferramentas da *web* 2.0 de Mason e Rennie (2008:61-131), aqui reconstruídas sumariamente, para termos uma ideia preliminar de sua profusão crescente e importância cada vez mais percebida. O importante é dar-se conta de sua potencialidade em termos de aprimorar chances de autoria, bem como de surpreender a diferença notável entre *web* 1.0 e *web* 2.0. Entretanto, não há nisso nada de automático e garantido. Pode-se continuar copiando tudo ou apenas facilitando as coisas. Depende sempre, em última instância, da atitude pedagógica, um desafio que pode ser visualizado no estudantes, nos professores e nas próprias instituições educacionais, como veremos a seguir.

4 Desafios Pedagógicos

Antes de mais nada, há que se reconhecer que a pedagogia está atrasadíssima, não se dando conta de que o mundo mudou à sua volta. Enquanto as tecnologias correm à velocidade da luz, a pedagogia anda a passos de cágado. Como, porém, é nossa tese que pedagogia é a referência mais decisiva da inclusão digital pela via das novas alfabetizações, cabe elucidar tais desafios, para colocar, com dor e jeito, a pedagogia no centro das atenções. Na prática, a *web* 2.0, se adequadamente reconstruída e interpretada, significa um alento para a pedagogia, porque, redescobrindo o desafio da autoria, conecta-se claramente a pretensões pedagógicas milenares, pelo menos a partir da maiêutica. Apesar das novidades tecnológicas, estas, ao contrário de enterrar o passado para fazer um futuro muito arriscado sem ele, o valoriza sobremaneira, o que pode insinuar que deve haver um jeito de combinar as duas coisas. Para rememorar: a *web* 2.0 poderia: (i) oferecer modos de aprender em qualquer lugar e tempo, colocando o aprendiz como ponto de partida; (ii) incitar os interessados a se tornarem autores, criadores de conteúdo; (iii) acessar montantes enormes de conteúdo, com estratégias seletivas e inteligentes que superem a desinformação; (iv) aumentar oportunidades de interação consigo e com professores; (v) estender aprendizagem aos excluídos, em especial aos portadores de necessidades especiais, bem como à comunidade global. Shank (2008) destaca os seguintes princípios gerais da *web* 2.0, em três pontos: (i) uma "*read/write web*" (*web* que permite ler e escrever) – torna-se crescentemente um meio de mão dupla: os interessados podem ser usuários e provedores de conteúdo; (ii) tendência de entender "*web-as-platform*" (*web* como plataforma): aplicações de *software* são costuradas sem emenda em *websites*, tais como inserir *MapQuest* ou mapas de Google...; (iii) marca micro do conteúdo, permitindo quebrar a opção de *web* como "páginas" e "*sites*", focando em elementos menores e mais plásticos da *web* e facultando ser agregados, desagregados e recombinados. Disso, porém, não decorrem expectativas mirabolantes, razão pela qual é preciso considerar questionamentos à *web* 2.0, dentro da máxima pedagógica essencial: novas tecnologias são tão fundamentais que não podem ser apenas engolidas.

4.1 Problemas relativos aos estudantes

Primeiro, sempre há estudantes que não gostam de aprendizagem virtual, muito menos da *web* 2.0, em parte porque não se sentem à vontade com o computador (em especial pessoas de gerações mais maduras), em parte porque apreciam "aula" e pacotes prontos. Neste segundo caso, a expectativa permanece fixa sobre procedimentos da "apostila", esperando "facilidades" das estratégias virtuais. Segundo, também em países avançados, nos quais estudar sempre se imaginava como dedicação de tempo integral ou próximo disso, vai entrando a noção de estudar conforme as possibilidades, em especial com respeito a alunos que trabalham. Tomando em conta a máxima de partir do aluno, parece cogente que o curso "se adapte", devendo-se levar em conta, por exemplo, a exiguidade de tempo disponível para estudo. Essa expectativa tem tudo para reduzir os cursos a "pratos feitos" instrucionistas. A assim dita *aprendizagem flexível* não se refere mais a habilidades de lidar com a complexidade, manejar formatos mais abertos de teorização, combinar melhor teoria e prática, aproveitar o que o aluno já sabe, e assim por diante, mas a submeter-se a constrições discentes de toda ordem, de sorte que o curso oferece apenas aquilo que o aluno pode/quer fazer. Como pode estudar apenas em fins de semana ou no exíguo tempo livre disponível, o curso precisa poder ser feito nesse tempo e nessas condições. A gosto do cliente. Se adicionarmos a isso o crescimento vertiginoso de entidades de ensino superior marcadas pela lógica do mercado que precisam oferecer o que o aluno pode pagar, o encurtamento programático e pedagógico torna-se regra. O uso de plataformas virtuais, em vez de significar um recurso alternativo de aprimoramento da aprendizagem, surge como compensação facilitada, uma das razões da má fama dos cursos ditos "a distância". Nesse caso, "partir do aluno" não significa tomar a sério seu *background* cultural e social para que tenha a chance de ser tratado como sujeito; significa talhar o curso à mediocridade do aluno. Parte-se do aluno para que o curso tenha o tamanho do aluno. Não se eleva o aluno.

A muitos alunos falta fluência tecnológica, por muitas razões, em particular a dificuldade de acesso. Por vezes só têm acesso no trabalho e aí não podem usar para estudar. Segundo o relatório do *New Media Consortium* (2007), contrariamente às pretensões institucionais vigentes, não parece correto admitir que as habilidades de alfabetização em informação dos novos estudantes estejam se aprimorando, por incrível que pareça. Mas esse não é o problema maior: num oceano de conteúdos criados pelos interessados colaborativamente *on line*, o pensamento crítico, a pesquisa e a avaliação inteligente continuam desafios mal-encarados. A tendência dominante é de reprodução. Os estudantes sabem, de longe, bem mais copiar do que produzir ideias próprias. Ocorre que o mundo estudantil é extremamente variado. Alguns querem pouca novidade, outros muita; outros, ainda, apreciam aula face a face, de preferência instrucionista. Parece claro que a carga de estudo torna-se imbróglio premente, tendo como preço a superficialidade, marca registrada dos cursos noturnos que pretendem entupir alunos com aulas em série. De um lado, até por "comiseração", não se aventa a chance de alongar o curso noturno para poder dar conta daquilo que um curso diurno em geral propõe; ao contrário, tomando-se em conta que o aluno noturno não vai estudar em outra oportunidade, assume-se a conclusão absurda de que só pode ter "aula": transmitir conteúdo obsessivamente torna-se razão de ser maior. Quem faz curso noturno tem pressa, precisamente porque, em geral, já trabalha. De outro lado, a expectativa lançada sobre ambientes virtuais não é a da *web* 2.0, mas da *web* 1.0: consumir produtos acabados. As novas tecnologias são "facilitações", ao pé da letra. Tratando-se de veicular conteúdos em penca, pesquisar, elaborar, produzir com autonomia e autoria, tornam-se preciosismos, mesmo porque o "professor" tende a ser o retórico, o expositor, o motivador, muito mais preocupado em transmitir conteúdos, do que em aprender. Aproveitando-se de benesses virtuais, enchem-se as salas de aula de alunos, substituindo-se estudo por frequência à aula. Novas tecnologias são usadas para enfeitar a aula, não para aprimorar a autoria discente, até porque, em geral, docentes não são autores.

Entre tantas questões, podemos sublinhar o desafio da reflexão crítica e autocrítica, que dificilmente comparece em ambientes instrucionistas típicos da *web* 1.0. Há quem ache ser reflexão atividade etérea, perdida, uma "filosofada". Na prática, porém, é referência fundamental do saber pensar (DEMO, 2000a), porque representa o esforço reconstrutivo de penetrar nas ideias e conceitos com profundidade e autoria, sem falar na face da estruturação do pensamento. Para quem se basta com copiar e memorizar, refletir é algo esnobe. Mas para quem pretende viver aprendendo, reflexão crítica e autocrítica significa a habilidade infinda de desconstrução e reconstrução das próprias ideias, valendo também como signo de construções sempre abertas, capazes de aprender de outras visões e teorias. Há autores que valorizam o *e-portfolio* como instrumentação interessante para montar um processo reflexivo aberto e continuado:

> "O objetivo de desenvolver aprendizes reflexivos é incitar os estudantes a serem mais cônscios e autocríticos; a serem honestos consigo mesmos, e abertos à crítica e *feedback*. Um *e-portfolio* com processos reflexivos estruturados e orientação pelo professor pode instilar tais qualidades nos estudantes. Atividades que requerem dos estudantes serem objetivos em sopesar evidência ou que os animem a serem abertos a diferentes abordagens e preparados para as experimentar, encaixam-se bem num quadro de referência de *e-portfolio*. Em última instância, este método de ensino auxilia a desenvolver aprendizes independentes para toda a vida. Contudo, muitos estudantes são resistentes a refletir sobre sua própria aprendizagem, exi-

gindo habilidade de concepção do curso da parte do professor para o instilar. Muitos estudos reportam achados que sugerem serem os estudantes focados em tarefas e orientados por resultados e que acham difícil entender a necessidade de reflexão" (MASON; RENNIE, 2008:139).

4.2 Problemas relativos aos professores

Grosso modo, há quatro problemas mais salientes. O primeiro refere-se à *carga de trabalho*, que sempre cresce em ambientes de aprendizagem virtual, sem a devida recompensa. Segundo muitas pesquisas, porém, o que mais motiva os professores inovadores são recompensas intrínsecas: satisfação pessoal, horário flexível e trato com estudantes não tradicionais (PARKER, 2003; LYNCH; COLLINS, 2001). Entretanto, as recompensas extrínsecas (menos trabalho, tempo livre, bolsas e suporte tecnológico) também ajudam (MAGUIRE, 2005). É sempre difícil mensurar sobrecarga de trabalho e tempo, pois isso passa também por percepções subjetivas. Ocorre que a dedicação à aprendizagem virtual no mínimo muda o ritmo, requerendo maior atenção aos estudantes a distância (SAMMONS; RUTH, 2007). Ao mesmo tempo, há professores que lastimam a falta de contato direto com os estudantes, embora a pretensão tradicional de oferecer a mesma aula para todos, sem levar em conta a diversidade discente, seja hoje severamente criticada. Uma das vantagens da *web* 2.0 seria abrir oportunidades de escolha, personalização, flexibilidade e abordagens centradas no aluno.

O segundo problema refere-se à *promoção*. Também por força da web 2.0, a vida acadêmica está mudando, à medida que reconhecimento e promoção requerem outros procedimentos. O *Horizon Report* da New Media Consortium (2007) assim analisa:

> "Revisão acadêmica e recompensa do professorado estão crescentemente fora de sincronia com novas formas de vida acadêmica. As tendências para expressões digitais e maior interdisciplinaridade e trabalho colaborativo continuam a afastar-se de padrões da publicação impressa feita com revisão de pares. Novas formas de revisão de pares estão emergindo, mas práticas acadêmicas vigentes de especialização e noções há muito tempo apreciadas de *status* acadêmico são barreiras persistentes à adoção de novas abordagens. Dado o ritmo da mudança, a academia irá perder o pé ainda mais com respeito a como a docência é atualmente conduzida, até que constrições impostas pela cátedra tradicional e processos de promoção sejam ultrapassados" (MASON; RENNIE, 2008:141).

É urgente rever esse cartório docente repetitivo, ancorado em regras rígidas e em modos controlados de publicação e discussão. Sugere-se que *blog*, por exemplo, seja atividade acadêmica válida, desde que construída em ambiente cientificamente adequado (WELLER, 2007). Algo similar pode-se dizer da *wiki*. Constrange o professor, por vezes, que tais ferramentas o exponham, inclusive a comentários e contribuições estudantis. Na prática, porém, isso poderia ser visto como vantagem notável, sem perder o rigor científico. A *web* 2.0 não precisa ser ameaça (CHISHOLM, 2006).

O terceiro problema diz respeito a *habilidades*. Muitos docentes não possuem mínima fluência tecnológica, seja no sentido de não saberem lidar com o computador e Internet, seja no de não saberem usa-la para a aprendizagem (O'QUINN; CORRY, 2002; PACHNOWSKI; JURCYZK, 2003; BOWER, 2001). A instituição precisa oferecer habilidades técnicas, inclusive reservadas, ainda que a maneira mais profícua de aprender seja por prática pessoal e interação com pares. Mais desafiantes são as habilidades pedagógicas que incluem: (i) construção *on line* de comunidade; (ii) *design* de atividades *on line*; (iii) fórum de discussão; (iv) alfabetização em informação (MASON; RENNIE, 2008:143). Os professores sempre se viram como expertos em conteúdo, não em mídia. Aprendizagem *on line*, no entanto, exige outras habilidades a mais (MCSPORRAN; YOUNG, 2004).

O quarto problema tange os *direitos de propriedade intelectual*. Em geral, existe entre professores um senso forte de propriedade, que começa com a resistência ao xerox e ao uso da Internet. A argumentação é a mesma do mercado: sem propriedade não há liberdade e incentivo para inovar. No entanto, a *web* 2.0 tem mostrado outras oportunidades que vão na direção oposta (BENKLER, 2006), em especial a cultura da dádiva, expressa de modo notável na wikipedia. Essa questão não está, obviamente, resolvida, mas parece claro que os jovens vão empurrar as coisas na direção da liberdade de usar e produzir (SUNSTEIN, 2006; TAPSCOTT; WILLIAMS, 2007), em contextos de autorias diferenciadas e colaborativas.

4.3 Problemas institucionais

As instituições acadêmicas passam também por mudanças profundas, ajeitando-se a modos mais efetivos de gestão inspirados, muitas vezes, em propostas de planejamento estratégico e reengenharias organizacionais. Busca-se combater com isso o peso burocrático de infindáveis reuniões de conselhos, em geral, tendentes a resistir a mudanças. A tentativa de enquadrar o mundo acadêmico em sistemáticas produtivas sempre é assunto polêmico (ARONOWITZ, 2000), gerando também reações fortes por parte da academia. Uma delas é a acusação frontal do "culto do amador" (KEEN, 2008; COATES, 2003), à sombra do amadorismo de massa, descrito nos seguintes itens:

> "(i) as linhas entre fato e opinião, expertise informada e especulação amadora são borradas de modo selvagem; (ii) a história provou que a multidão não é muitas vezes sábia e cita a escravidão, o infanticídio, a guerra do Iraque e a desastrosa mania da tulipa que varreu a Holanda no sécu-

> lo XVII; (iii) porque a web 2.0 celebra a 'amador nobre' sobre o experto, e porque muitos motores de busca e websites são popularmente mais do que confiáveis, é fácil a proliferação de informação equivocada e rumores no ciberespaço; (iv) o pendor democratizado da web para *mashups*, *remixes*, e tarefas *cut-and-paste* ameaça não apenas leis de *copyright*, mas igualmente as próprias ideias de autoria e propriedade intelectual; (v) *blogs* e wikis estão dizimando as indústrias de publicação, música e coleta de notícias, que criaram o conteúdo original que tais *websites* 'agregam'" (MASON; RENNIE, 2008:146).

Downes (2007) prefere observar que é preciso também perceber efeitos de descentralização, procedimentos menos prescritivos e maior participação geral, o que facilmente dá a impressão de queda de qualidade (CRONE; MACKAY, 2007). Particularmente forte é a crítica de Gorman (2007):

> "Há um perigo presente de que estamos 'educando' uma geração de indolentes intelectuais incapazes de mover-se para além da internet e de interagir com, e aprender de, a miríade de textos criados por mentes humanas pelos milênios afora e talvez encontrados apenas nesses arquivos distantes e prateleiras empoeiradas cheias de tesouros desconhecidos. Que mundo lúgubre, chato e desinteressante iremos criar se sucumbirmos a este perigo!" (MASON; RENNIE, 2008:147).

Argumentos contrários apoiam-se na necessidade de ir ao encontro do modo como os estudantes interagem e intercambiam ideias. No meio dos extremos, os educadores precisam encontrar a possibilidade de, respeitando suas ferramentas e discursos, imprimir-lhes devida profundidade acadêmica. Nem sempre, como anota Attwell (2007), os ambientes virtuais de aprendizagem promovem resultados esperados, em particular porque o bom uso da *web* 2.0 implica mudanças profundas institucionais. Facilmente ocorre que, por receio frente a iniciativas predatórias, muitas instituições aplicam filtros severos a todas as atividades virtuais, como é o exemplo de *blogs* fechados, retirando-lhes o charme de esfera pública de discussão (ANDERSON, 2007; BOYD, 2006). Para abrir possibilidades de inovação sem tantos sustos, é importante ultrapassar a condição de inovadores isolados, por vezes mais voluntariosos e ousados do que competentes (BATES, 2005), buscando motivar um *projeto pedagógico comum* e que tenha como resultado também acalmar os ânimos (WALLER, 2007). Apesar dos riscos, não se pode negar a importância do desafio de passar de um estilo de educação controlado pela instituição e centrado no professor para outro modelo mais centrado no estudante.

Providência fundamental será introduzir adequadas estratégias de avaliação da aprendizagem, ao mesmo tempo superando os vezos tradicionais da avaliação movida por controle centralizado e abrindo espaço para o cuidado sistemático dos alunos (JENKINS, 2006; BECTA, 2007; OWEN et al., 2006). O próprio abuso da Internet para plágio poderia ser debitado, em parte, a modos autoritários de avaliação (WELLER, 2007). Dentro da perspectiva de que avaliação tem como finalidade única "cuidar que o aluno aprenda" (DEMO, 2004c), o aluno não teria maior motivação para recorrer ao plágio. É preciso também dar devida importância à aprendizagem informal, alargando o horizonte escolar voltado apenas para tarefas curriculares. Caberia distinguir entre avaliação *da* aprendizagem e avaliação *para* a aprendizagem (STIGGINS, 2004), o que lembra a proposta de Hoffmann de "avaliar para promover" (2001). Esta poderia ser chamada de *avaliação 2.0* (ELLIOTT, 2007),[1] no sentido de corresponder ao ambiente de aprendizagem possível na *web* 2.0, conforme se apresenta no quadro a seguir (BARRETT, 2006; MASON; RENNIE, 2008:153):

Avaliação da aprendizagem	Avaliação para aprendizagem (*avaliação 2.0*)
– Propósito do portfólio prescrito pela instituição – Artefatos comandados pela instituição para determinar resultados da instrução – Portfólio usualmente desenvolvido ao final de uma aula, termo ou programa – limitado no tempo – Portfólio e/ou artefatos usualmente classificados por escores com base em uma rubrica e dados quantitativos são coligidos para audiências externas – Portfólio é usualmente estruturado em torno de um conjunto de resultados, objetivos e padrões – Algumas vezes usada para tomar decisões de grande impacto – "*Somativa*" – o que se aprendeu até o momento? (do passado para o presente) – Requer motivação extrínseca – Audiência: externa – pouca escolha	– Propósito do Portfólio acordado com o aprendiz – Artefatos selecionados pelo aprendiz para contar a estória de sua aprendizagem – Portfólio mantido numa base contínua através da aula, termo ou programa – flexível no tempo – Portfólio e artefatos revistos com o aprendiz e usados para proporcionar *feedback* para aprimorar a aprendizagem – Organização do Portfólio é determinada pelo estudante ou negociada com mentor/orientador/professor – Raramente usada para decisões de grande impacto – Formativa – quais são as necessidades do aprendiz no futuro? (do presente para o futuro) – Promove motivação intrínseca – envolve o estudante – Audiência: aprendiz, família, amigos – aprendiz pode escolher

[1] "For example, when undertaking an assessment, a student could use Live Search to search the world wide web for relevant information, subscribe to a number of RSS feeds using Bloglines to monitor appropriate websites, and check Wikipedia for appropriate articles. Relevant web pages could be saved using Furl or parts of web pages could be grabbled using Clipmarks. Google docs and spreadsheets could be used to pull together this information into an initial report, which can be stored online using Box.net. The whole project can be coordinated using a dedicated home page created using Netvibes, which would include RSS feeds, calendars, instant messaging, e-mail and a range of additional 'gadgets' relevant to the assessment task. Throughout this process, students can learn from one another by sharing their discoveries through such services as Furl and Clipmarks, which permit students to subscribe to one another's archives – or rate archived material to identify the most relevant information" (ELLIOTT, 2007; MASON; RENNIE, 2008:152).

Na verdade, o desafio sempre pode resumir-se em "aprender bem". Se isso ocorrer, tudo vale a pena, inclusive ousadias e quebras de paradigmas. Sem isso, nada vale a pena. De um lado, estão crenças arcaicas que imaginam aprendizagem como simples instrução feita sempre dentro de cânones fixos, em particular na relação hierárquica, disciplinar, professor/aluno. De outro, estão novos ventos, muito impulsionados por novas tecnologias, que, ao revelarem novas dinâmicas (por exemplo, mais centradas nos alunos e que valorizam igualmente modos informais de aprender), preferem formatos mais flexíveis, participativos, coletivos de aprender, já que a razão de tudo é aprender bem. Correm-se riscos evidentes, porque não há processo de mudança (nesse caso tão radical) sem riscos. Um dos maiores é encobrir sob dinâmicas mais participativas tipos mais superficiais, amadores, de produção de conhecimento, confundindo já conversa solta com análise, estudo, pesquisa. Muitos autores não mostram grande preocupação, porque apostam na teoria da emergência, segundo a qual o concurso de muitos fatores é suficiente para deslanchar novidades que vão muito além das condições iniciais, como é o caso da wikipedia. Algumas formigas não formam um formigueiro. Muitas formigas, sem apelar para coordenação central, formam um formigueiro capaz de produtividade espantosa. Alguns esperam esse efeito da conjunção de muitos computadores, imaginando que, um dia, na Internet este fenômeno se torne visível e decrete novas eras (WOLFRAM, 2002; GARDNER, 2007).

Ocorre que "estudar" (DEMO, 2008a) assume outros contornos, muito inusitados para a geração mais velha. Jovens estudam escutando música alta e conturbada, sem maior ordenamento do tempo, muitas vezes em grupos agitados, comunicam-se mais facilmente pela Internet, acompanham muitas coisas ao mesmo tempo, preferem ambientes compartilhados, se dão bem com novas tecnologias. Aquele estereótipo do estudo isolado, em silêncio, com concentração máxima, em horário fixo e sistemático, vai se tornando referência rara, até porque, para os jovens, toda produção científica minimamente interessante seria produto coletivo. O culto ao gênio – que é superinteligente sozinho, tipo Einstein – cede em favor do culto ao grupo (SAWYER, 2007). É preciso saber sempre o que se ganha e perde. Ganham-se outras motivações, esferas públicas mais participativas, intercâmbios mais promissores, ambientes mais transdisciplinares. Perdem-se produções mais verticalizadas, especializadas, aprofundadas, algo que, ao final, a produção científica também não pode dispensar. De fato, se é equívoco claro a "disciplinarização" dos cursos, porque nenhuma problemática e realidade são disciplinares, não é menos equívoco imaginar que, amontoando generalidades, alguma realidade seja devidamente estudada. Há que se evitar tanto o especialista em generalidades, quanto o idiota especializado, em favor de modos de estudar que combinem aprofundamento com compartilhamento das problemáticas (DEMO, 2000; 2000a).

5 Aprendizagem Virtual e *Design* de Curso

Aprendizagem virtual (*e-learning*) coloca, de um lado, problemas comuns de aprendizagem, já que aprender bem implica dinâmicas comuns também; de outro, porém, coloca desafios próprios, tendo em vista que novas tecnologias significam também rupturas fundamentais. Não se trata nem de alegar apressadamente que tecnologia é apenas meio (além de meio, também é, pelo menos, alfabetização), nem ingenuamente que tecnologia determina a aprendizagem (KITTLER, 1995; 1999). Como sugere Hayles (2008), é crucial encontrar meio termo, no qual se possam divisar dinâmicas recíprocas entre a evolução humana e tecnológica (HANSEN, 2004). A noção de que tecnologia é apenas meio é comum entre educadores, em geral insinuando certo desapreço, muito embora seja observação em parte correta (BARRETO, 2003; GOMES, 2004). A razão de ser da tecnologia é a aprendizagem. No entanto, deixa-se de lado que aprender, cada vez mais, é dinâmica também feita virtualmente, ainda que não exclusivamente. Novas tecnologias fazem parte das novas alfabetizações, das habilidades do século XXI, tornando-se, em particular na versão da web 2.0, parte fundamental de estratégias de aprender bem. Frente às novas tecnologias não cabem nem repulsa, nem encantamento, mas posição de educador: crítica e autocrítica.

Neste capítulo analiso características da aprendizagem virtual, burilando o que continua, o que se quebra e o que é novo, a par de discutir *design* de cursos inovadores. Pesa sobre as instituições educacionais o repto de inovação acelerada, já que possuem dentro de si dinâmicas explosivas, incontroláveis. Não há como ignorar por muito tempo as novas chances, nem cabe fazer-se caudatário basbaque delas (KOPER; TATTERSALL, 2004).

5.1 Referências que continuam importantes

No espaço da aprendizagem virtual, muitas referências teóricas anteriores persistem como marcos fundamentais do estudo e da formação. Impressiona, por exemplo, o uso intensivo do conceito de "zona de desenvolvimento proximal", de Vygotsky, nas plataformas da *web* 2.0, em particular em jogos eletrônicos (GEE, 2003). Trata-se da "distância entre o *nível de desenvolvimento real*, determinado pela capacidade de resolver um problema sem ajuda, e o *nível de desenvolvimento potencial*, determinado através de resolução de um problema sob a orientação de um adulto ou em colaboração com outro companheiro" (ZONA..., 2008). Nos jogos eletrônicos é aplicada na passagem das etapas do jogo, a subsequente sempre mais complexa que a antecedente. O jogador busca ajuda do próprio *software* e principalmente dos colegas jogadores, uma iniciativa que por vezes aparece sob o nome de "*peer-university*" (universidade de pares). Os desafios, em termos de solução de problemas crescentemente complexos, se aguçam etapa a etapa, exigindo do jogador esforço mais intenso. Quase sempre é imprescindível apoio de outras partes, para que se possam galgar novos horizontes (usa-se em inglês o termo "*scaffolding*" – metáfora do andaime de construção de prédios).

Nos jogos eletrônicos fica clara sua relação com propostas de aprendizagem orientada pela solução de problemas (SAVIN-BADEN; WILKIE, 2006), muito embora essa noção possa ser banal, quando se imaginam que todos os problemas sejam solucionáveis. De fato, problema solúvel sequer é problema. Sendo a vida sempre problemática, quando se solucionam problemas advêm outros, o que sugere ser mais inteligente saber acalentar problemas instigantes (DEMO, 2005c). O que propriamente atrai o aprendiz é o desafio que tem como recompensa poder dar conta dele a contento, o que nem sempre coincide com solução. Não se move simplesmente por prazer, ainda que essa referência seja considerável, mas pela alegria do bom combate. Vygotsky (1989; 1989a) é também relevante por conta do interacionismo social, referência fundamental da "*social networking*" da *web* 2.0, ainda que seu entendimento das relações sociais seja tradicional, naturalmente. Hoje tornou-se tanto mais patente que aprender é atividade social, coletiva, em particular com a percepção de que autoria individual é, em parte, força de expressão. A autoria corrente é cooperativa, pela razão de que não somos propriamente originais e a sociedade é construção tipicamente coletiva. A sociedade é um texto coletivo, naturalmente.

A teoria construtivista continua relevante, apesar das críticas correntes de excesso de formatação estruturalista (FREITAG, 1997; IRIZAGA, 2002). Sob o conceito de construtivismo cabem muitas colorações, algumas das quais seriam estranhas a Piaget, indicando nos Estados Unidos em especial toda postura que se volta para a construção do conhecimento. O uso do conceito de "instrução" como sinônimo de educação também empurra por vezes Piaget para o rol dos teóricos da "instrução", algo que certamente nunca fez parte de suas ideias. Entre nós essa confusão aparece no estudo de Oliveira e Chadwick (1984) sobre tecnologia educacional, com o subtítulo de "teorias da instrução". A par desses desacertos, a noção piagetiana de processo educacional movido pela participação intensa do aprendiz que vai, etapa por etapa, construindo suas noções dentro de um lastro epistemológico genético, mantém-se pertinente, mesmo que se veja aí um estruturalismo excessivo (PIAGET, 1996; BECKER, 2001; 2003). Em geral, contrapõem-se três teorias da aprendizagem: behaviorista, cognitivista e construtivista (COIRO et al., 2008), o que já denota enorme pobreza teórica, não só porque não aparecem teorias de cariz mais biológico, em especial a de Maturana e Varela (1994), mas igualmente porque se desprezam aportes sensíveis à politicidade da aprendizagem (FREIRE, 1997). Consola, porém, que construtivismo apareça como teoria mais avançada e palatável, ainda que em geral mal definida.

Por vezes aparecem sugestões que pretendem ir para além do construtivismo (LESH; DOERR, 2003), quase sempre sob o apelo de algo como "conectivismo" (MASON; RENNIE, 2008; SIEMENS, 2004), sem maior reconstrução conceitual (CROSS, 1999). De fato, a visão de Piaget parece marcada pela aprendizagem mais individualizada, cada aluno por si, como era uso em sua época. Suas pesquisas tinham como regra o escopo de estudar comportamentos individuais, ainda que não caiba retirar daí alguma acusação de perspectiva ensimesmada. Na prática, toda teoria, por mais inspirada que seja, é incompleta, por ser naturalmente datada e localizada. Nesse sentido, é mais que natural refazer o construtivismo, até mesmo para ser coerente com ele mesmo: um construtivismo copiado seria suicídio. Essa preocupação de seguir em frente aparece no grupo de E. Grossi que, em geral, fala de proposta "pós-piagetiana" (GROSSI; BORDIN, 1993). Na visão do assim dito conectivismo aproveitam-se os estudos biológicos e neuronais da constituição do cérebro humano, ressaltando-se aí a dança dos neurônios e suas sinapses. Essa mesma percepção facilmente entra como chão para postular que as crianças, em contato massivo com o computador, ativam conexões diferenciadas que as fariam diferentes em termos de aprendizagem com relação aos adultos (HAYLES, 2008). É claro que não se trata de uma nova "espécie", mas de configurações diferenciadas da dinâmica cerebral neuronal. No mínimo as crianças estão mais conectadas e se conectam melhor.

Teorias que apostam no envolvimento do estudante e entendem aprendizagem como dinâmica também afetiva (DAMÁSIO, 1996; GOLEMAN, 2001) receberam grande ímpeto com as novas tecnologias, em especial porque crianças e jovens facilmente se encantam com o ciberespaço. Tais propostas decaem facilmente no jargão do prazer imediato, como se as crianças somente estudassem se sentirem prazer. O que move as pessoas não é apenas prazer, mas outras dimensões que possam parecer relevantes, também porque não se escapa na vida de ter de aprender do sofrimento. Não segue que aprendemos melhor com sofrimento, mas que o prazer que move é menos aquele do bobo alegre, do que aquele do bom combate. Os jogos eletrônicos clarificam isso frontalmente: os jogadores "sofrem" muito para dar conta do jogo, que, ademais, se complica a cada nova etapa. No entanto, correm atrás com grande envolvimento e, chegando ao fim, sentem alegria profunda. Subir o monte Everest não pode ser projeto movido a prazer imediato, nem tentar concluir um doutorado. O que as teorias afirmam é que não se aprende sem envolvimento profundo. No mundo virtual, as crianças sentem-se bem mais envolvidas que os adultos, um fenômeno que ainda não sabemos bem explicar. Há quem diga que a nova geração possui "outra cabeça", por conta de sua interação tão intensa com o mundo virtual (HAYLES, 2008). Prensky (2001) sugere que as crianças são nativas, enquanto os adultos são imigrantes, embora haja autores que tomam isso como "mito" (OWEN, 2004). É fato, porém, que as crianças se dão bem com o computador, parecendo haver entre eles uma simbiose notável. Faz parte dessa simbiose certamente o lado social da máquina que permite multiplicar relacionamentos e promove a "inteligência social" (GOLEMAN, 2006). Essa energia eclode em comunidades de prática, comunidades de aprendizagem, tribos de toda sorte (como Orkut), "*peer-university*", em cujos ambientes a interação corre agitada, por vezes auxiliada pelos anonimatos (não se sabe a identidade real de quem está do outro lado).

Embora com acentuação mais rala, aparece também alusão às teorias autopoiéticas de inspiração biológica, através das quais se torna ainda mais claro o dinamismo de dentro para fora dos processos de aprendizagem, interpretativos, reconstrutivos. O fulcro mais aproveitado é o da construção da ***autonomia e autoria***, por estarem tais habilidades inscritas na própria constituição biológica. Todo ser vivo em geral nasce pequeno, muito frágil, dependente, mas, com o tempo e convivência com outros humanos e com os ambientes externos, constrói sua capacidade de viver por conta própria em sociedade. A autonomia não pode ser completa, porque não há ser natural completo, mas pode avançar de maneira infinita na direção do sujeito capaz de história própria individual e coletiva (DEMO, 2002a). A autoria também não pode ser completa, porque não somos completamente originais. Na verdade, somos um *remix* natural. Em que pese a tese da morte do autor, reforçada pela autoria coletiva (ao estilo da *wiki*), permanece com força expressiva o desafio da autoria, tendo em vista que essa ideia talvez seja o motor central da *web* 2.0. Teorias autopoiéticas também são incompletas, a começar pela noção de fechamento estrutural de Maturana, sob o ângulo da autorreferência: não entendemos o outro a partir do outro, porque a referência de entendimento provém de dentro. Podemos nos esforçar em entender o outro a partir do outro, mas é boa intenção, preconizada, por exemplo, pela "*standpoint epistemology*" (HARDING, 1998; 2006).[1] Varela et al. (1997), ao discutirem a "mente incorporada", oferecem o conceito de "enação", em complemento ao de autopoiese, para indicar que os contatos externos também são formativos da autonomia do ser vivo. O processo de construção da realidade não obedece apenas à autorreferência, mas igualmente ao encaixe social. De todos os modos, a visão autopoiética talvez seja uma das mais apropriadas para escudar os desideratos de autonomia e autoria.

[1] Expressão comum em estudos feministas e pós-feministas, para designar a importância de não colonizar o outro. Significa epistemologia que busca respeitar o ponto de vista do outro.

É interessante ainda notar que Sócrates e Paulo Freire também comparecem, o primeiro sob o rótulo de "*coach*" e o segundo sob o ângulo da politicidade (DEMO, 2002a). Ambos são usados para redefinir o papel do professor, não mais como figura centralizadora dos processos de ensino, mas como orientador e avaliador, por vezes, chamado, sob risco, de "facilitador" (CARLINER; SHANK, 2008). Ao deixar, porém, de ser figura *centralizadora*, mantém tanto mais a posição de figura ***central***, já que a relação maiêutica é vista, cada vez mais, como constitutiva do aprender bem. Essa visão afasta-se muito da perspectiva comum da "intervenção pedagógica", em geral derivada do "ensino". Em vez de interventor, o professor precisa tornar-se parceiro do mesmo processo de aprendizagem, dentro da noção de comunidade de aprendizagem. A visão socrática serve ainda para calçar pretensões de crítica e autocrítica, unindo a habilidade de saber questionar àquela de saber, não menos, autoquestionar-se. Por sorte, ambientes da *web* 2.0 facultam isso com certa naturalidade: sendo esferas públicas (como *blog* e *wiki*), não havendo autoridade propriamente dita, nem capataz, todo texto é apresentado para ser discutido, aprimorado, mudado. O argumento de autoridade pode dar lugar à autoridade do argumento. No caso de Paulo Freire, o legado maior é o da politicidade da aprendizagem, algo enfatizado nos jogos eletrônicos, quando se afirma que não são neutros. São modos ideológicos de reconstruir as realidades virtuais e reais, modos de interferência contextuada em espaços de poder, sem falar que se trata de forjar cidadãos. É mérito deste autor ter sugerido que influência pedagógica é aquela que liberta, emancipa, ao contrário de outros tipos que depredam os estudantes. De fato, as comunidades virtuais, ainda que não sejam de anjos, ainda que expressem conflitos de toda sorte e possam ser muito predatórias, permitem relacionamentos menos hierárquicos, abrindo espaço para expressões mais autênticas (DEMO, 2002a).

Citam-se igualmente teorias que valorizam a aprendizagem situada (GEE, 2004), herdeira da aprendizagem significativa e de outras versões que sempre apontaram para o ser humano como construtor de significados (DEACON, 1998; KLEIN, 2002). Essa percepção é patrimônio das alfabetizações, porquanto, decodificar letras e números pode ser atividade apenas reprodutiva, enquanto desconstruir, reconstruir significados implica um sujeito produtivo, participativo, envolvido, tal qual se imagina na aprendizagem virtual. Esse horizonte viu-se muito enriquecido nos textos virtuais, pois em sua proliferação e multimodalidade apresentam chances infinitas de produção de significados, à medida que instigam a autoria das crianças. Muitas são as estratégias para tentar envolver os aprendizes em atividades significativas: alguns preferem a noção de aprendizagem por problematização; outros pela construção de hipóteses de como funciona a realidade; outros ainda pela aprendizagem situada, usando para tanto hoje simulações virtuais: embora sejam simulações, podem simular a realidade de tal modo que pareçam mais reais que o real. Paulo Freire utilizava a noção de "palavra geradora", outros começam a alfabetização com o próprio nome, tudo em nome da estratégia de trabalhar em ambiente de relações significativas para os aprendizes.

Permanece, sobretudo, o interesse em ***pesquisa e elaboração***, pela razão maior de que são atividades que o cérebro humano faz bem. Embora seja pretensão descabida imaginar que esses dois termos resumam a riqueza disponível das teorias da aprendizagem, são emblemáticos e fazem parte, hoje, de muitas propostas educacionais (DEMO, 1996). Pesquisa como princípio científico indica a forja de habilidades metodológicas, formais, científica, enquanto pesquisa como princípio educativo olha para sua face pedagógica: pesquisar leva o aluno a formar-se melhor (BRUCE; BISHOP, 2008). Pesquisa e elaboração evocam autoria, autonomia, capacidade de ter proposta própria, saber desconstruir e reconstruir conhecimento, argumentar e contra-argumentar, saber ler e contraler (DEMO, 1994a). Em praticamente todas as atividades facultadas na *web* 2.0, pesquisar e elaborar são eminentes, naturais. O que mais se busca aí é texto próprio, individual e coletivo.

5.2 Referências que se quebram

Em todo processo de mudança também há rupturas, no sentido disruptivo: coisas que ficam para trás. Ressalto aqui algumas delas, tendo em vista os desafios da aprendizagem virtual. Começo pela didática e currículo extensivo, porque são expressões próprias de outros tempos e não serão transportadas para o futuro. É certo que se pode definir didática de muitas maneiras e com isso salvar a lavoura. Mas tomando o termo em sua acepção comum, está fortemente vinculada à figura do professor instrucionista e por isso se fixa, em geral, na aula, na intervenção pedagógica, na autoridade do professor, no argumento de autoridade. Sua configuração maior é o currículo extensivo, concebido como "grade" em sentido pejorativo: um lote fechado de conteúdos extensos que o professor deve repassar aos alunos durante o semestre. Assim se organizam os cursos, por lotes de conteúdos semestrais, na expectativa de que é preciso "ver" tudo e que a maneira de aprender é ter aula. Tira-se a limpo essa "aprendizagem" pela prova, na qual, de novo, os conteúdos são reproduzidos.

Com todo o respeito a Comenius e sua Didática Magna (KEATINGE, N. D.), cuja pretensão era "avançar a arte de ensinar todas as coisas para todos os homens", a pedagogia atual precisa livrar-se disso, porque é uma das expressões mais medievais e obsoletas. O apreço ainda vigente se deve, em parte pelo menos, ao fato de que esta obra coloca o professor num pedestal elevado, como rei da sala de aula, indiscutível (COMENIUS, 2006). Na prática, porém, é entronizado como arauto do argumento de autoridade, restando para o aluno acatar essa autoridade. A partir daí a didática previa também cursos de dicção, impostação de voz, retórica, apresentação pessoal, sempre no intuito de impressionar bem os alunos e destacar a autoridade. Não é necessário desprezar tais "habilidades", mas não podem ser o centro da relação professor/aluno. Hoje tornou-se no mínimo arriscado falar de "arte de ensinar", já que ensinar é termo carregado de autoritarismo e instrucionismo, ainda que se possa, com jeito teórico, salvar a ideia. Como dizia Freire, educar é saber influenciar o aluno de sorte que o aluno não se deixe influenciar. Reconhecia, pois, que na relação professor/aluno há influência, certamente mais favorável ao professor. Mas sugeria que existe um tipo de influência que liberta o aluno (favorece sua autonomia), diferente da influência que exclui. O desafio seria burilar um tipo de didática que tenha como efeito colaborar na emancipação do aluno. No entanto, se perseguirmos esse intento, descobrimos logo que colaborar na emancipação do aluno é efeito de ensino, instrução didática, mas de dinâmicas formativas, de dentro para fora, colocando o professor em outra condição, mais propriamente maiêutica.

Quanto ao currículo, não se trata de apagar a questão dos conteúdos, já que qualquer profissionalização exige manejo de conteúdos. Trata-se de construir outra relação, condizente com o desafio de estudar sempre. Gee fala abertamente de "fetiche do conteúdo" (2008:1033), para indicar inúmeras razões da crítica ao currículo extensivo:

a) todo currículo oferece apenas uma seleção de conteúdos; por mais extenso que seja, é sempre seletivo, porque é impraticável tratar "todos" os conteúdos possíveis de um curso;
b) transmitir "todos" os conteúdos aparece como tarefa obsessiva, tanto porque é impossível tratar a todos bem, quanto porque é impróprio entupir os alunos dessa forma;
c) "transmitir" conteúdos, sob o impacto de teorias da aprendizagem que reforçam a formação da autoria/autonomia (DEMO, 2006), tornou-se expressão típica do instrucionismo no professor (em geral, ele copia conteúdos) e no aluno (copia a cópia do professor);
d) como todos os conteúdos envelhecem naturalmente, porque assim ocorre na sociedade intensiva de conhecimento (DUDERSTADT, 2003), saber renovar conteúdos é sempre mais decisivo do que os acumular;
e) um profissional precisa dominar conteúdos; mas só se mantém profissional atualizado se os revisar constantemente, em especial quando sua profissão inclui dose relevante de contato tecnológico;
f) a imagem do currículo como grade rígida de montantes fixos a serem repassados aos alunos no semestre reflete a crítica já clássica da "educação bancária" (FREIRE, 1997);
g) parece bem mais prudente tratar poucos conteúdos, imprimindo nessa atividade a qualidade mais profunda de aprendizagem possível;
h) aprender a estudar, pesquisar, elaborar parece mais crucial que acumular conteúdos;
i) aparece uma esquizofrenia comum: imaginar que o aluno domine todos os conteúdos de todas as matérias é pretender um sábio universal que, ao final, é apenas alguém que memoriza cacos.

Não segue que conteúdo já não interesse. Ao contrário. Aprendizagem não se reduz a aprender a aprender ou coisa parecida, mas estende-se sempre também ao manejo desconstrutivo/reconstrutivo de conteúdos. Assim, o cuidado com conteúdos continua importante, mas vem posto agora sob a ótica do "currículo intensivo" (DEMO, 1996). Em vez da expectativa extensa (currículo extensivo) de transmissão de infinitos conteúdos, preferimos propor poucos, mas sempre com aprofundamento necessário, ou seja, sob a ótica da pesquisa e da elaboração. Papel do aluno já não é escutar o professor e anotar o que diz, para depois devolver na prova. É desconstruir/reconstruir, sob orientação/avaliação do professor, os conteúdos apresentados. A via cumulativa/extensiva não tem perspectiva, a exemplo da Internet: a ninguém mais ocorreria a ideia de dar conta de todos os conteúdos da Internet, até porque grande parte sequer mereceria atenção. Qualquer intento de navegar na Internet é seletivo, tanto assim que hoje discutimos acaloradamente modos de busca mais inteligentes (*web* semântica e suas "ontologias") (MIKA, 2007; TANIAR; RAHAYU, 2006; DAVIES et al., 2006): a ideia é organizar motores de busca de informação que se aproximem mais das habilidades semânticas humanas capazes de interpretar, discernir ambiguidades, perceber além da aparência, entender lacunas etc. A informação é tanta que já desinforma.

Da metáfora da Internet pode seguir que nenhum conteúdo pode ser visto como sagrado, em princípio, por mais que se tenha como importante. A ideia de conteúdo sagrado o faz intocável, e por isso já rígido e fixo, evitando-se que seja renovado. Na Internet, tudo que aí entra se desgasta, dura pouco, todos mexem, e logo, logo se dissipa. Podemos aceitar que essa fragmentação e provisoriedade são excessivas, também porque é uma maneira de alimentar a voracidade do mercado de consumo, mas sugere que conteúdo não pode ser "ideia fixa". Tomando o exemplo da cirurgia em medicina: todo cirurgião precisa aprender a fazer cirurgia; eis aí um conteúdo fundamental; mas, se olharmos bem, a cirurgia variou e continua variando muito no decorrer dos tempos, também sob o impacto das novas tecnologias; procedimentos intocáveis não existem, porque um dia podem ser vistos como superados.

Preferimos, pois, hoje não fixar os olhos tanto no currículo (estoque de conteúdos), quanto no modo de aprender, sem qualquer dicotomia. Para estudar, é preciso haver o que estudar (conteúdos), mas o modo de estudar não é menos relevante, em especial em ambientes onde estudar não é tradição (DEMO, 2008a). Podemos correr aí dois riscos principais: de um lado, não dar importância a conteúdos e passar o semestre fazendo qualquer coisa; de outro, submeter-se rigidamente à expectativa de repasse de conteúdos, sem importar-se com a aprendizagem. Obviamente, um meio termo parece mais razoável. Entre outros problemas, como currículo vem pré-definido, dificilmente está "situado" na vida dos alunos. Em geral tem aparência abstrata e que se torna ainda mais abstrata com professores que apenas repassam conteúdos. Voltando à metáfora da Internet, uma de suas pertinências está na forte motivação que é capaz de gerar, por vezes até excessiva, tendo em vista que, como sugere Prensky, as crianças são "nativas", enquanto os adultos são "imigrantes" (PRENSKY, 2001; 2006). Essa motivação virtual não advém apenas das novidades tecnológicas e sua ambientação dinâmica, mas principalmente do fato de que se podem manipular referências da cultura popular dessas crianças e que perfazem grande parte do que se tem chamado de "novas alfabetizações" (COIRO et al., 2008). Tomando o exemplo dos "bons" jogos eletrônicos (GEE, 2007), a atração que exercem sobre adolescentes e jovens provém, em geral, da assim dita "aprendizagem situada" (GEE, 2004), exercitando desafios e problematizações em ambiente lúdico por vezes extremamente exigente. Facilmente os autores se referem, entre outros pesquisadores, a Vygotsky e sua elaboração da "zona de desenvolvimento proximal", traduzida nos ambientes norte-americanos como tática do "*scaffolding*", ou seja, como sustentar atividades dos aprendizes de tal sorte que, com apoio, podem avançar para novos desafios que não poderiam enfrentar sozinhos (DALTON; PROCTOR, 2008; HOFFMAN et al., 2008).

Nesse mesmo pacote instrucionista aparece a "disciplina", um termo amplamente medieval e autoritário, em dupla acepção: (i) como referência aos conteúdos, vistos sempre "disciplinarmente", ou seja, de um foco pretensamente especializado (saber cada vez mais de nada); (ii) como referência ao controle dos alunos que precisam comportar-se bem. Não se trata de defender o *laissez-faire*, porque este nunca é produtivo. Mas, ambientes de disciplina rígida também não são produtivos, porque inibem o envolvimento e a criatividade. Precisamos na vida de disciplina e de limites (TIBA, 2007; 2007a), porque é o preço da socialização ou do concerto das autonomias. Um texto também tem seu lado disciplinado: bem-feito, sistemático, arrumado. Sua graça maior, no entanto, não está nisso, mas na criatividade. Assim, para aprender bem precisamos tanto de disciplina, quanto de indisciplina, algo que os jovens conquistaram com seu jeito mais caótico, tumultuado, coletivo de estudar. Coisa que a criança aprecia na Internet é poder navegar com liberdade, ainda que isso seja muito relativo e, sem dúvida, arriscado (SETZER, 2008). Ela tem a sensação de pilotar o computador, uma experiência que lhe é negada em sala de aula. Em idade mais tenra, a expressão lúdica lhe é tanto mais essencial, mas é vedada na escola, onde predomina o comportamento controlado.

Esse reconhecimento, no entanto, não apaga a preocupação mundial em torno da "indisciplina" dos jovens, um problema que tem atormentado os professores. Em parte fruto das novas leis de proteção à criança e ao adolescente, em parte resultado do enfraquecimento do aconchego familiar e seus valores, em parte como decorrência dos contextos pós-modernos dominados pela fragmentação, indefinição, indeterminação (OLIVEIRA; RIZEK, 2007), a liberdade tornou-se referência obsessiva, expressa principalmente em seus abusos (o preço da liberdade é seu abuso). Tornou-se engenharia pedagógica finíssima saber lidar com isso, tal qual é desafio enorme educar os jovens ao bom uso da Internet. O remédio não é retornar aos "bons tempos" autoritários, mas encontrar lugar tanto para a ordenação proveitosa da aprendizagem, quanto para a promoção da flexibilidade dos procedimentos. A *web* 2.0 consegue, se bem usada, fomentar os dois lados: sempre exige modos ordenados de trabalhar, porque onde todos fazem o que bem entendem, nada se aproveita; organiza o trabalho, porém, de maneira mais caótica, livre, flexível, respeitando ritmos e expressões, modos de ser e ver. Ao mesmo tempo, é mais fácil em tais ambientes cultivar a inter e a transdisciplinaridade, seja porque discussões coletivas não se submetem à especialização rígida, seja porque a comunicação sempre almeja também atingir públicos variados, seja porque, sendo as expressões multiculturais, datadas e localizadas, não privilegiam aportes afunilados. Isso, porém, não mata a especialização, já que conhecimento aprofundado sempre é especializado, mas recomenda leitura mais ampla e sobretudo reconhece que transdisciplinaridade somente é viável em equipe diversificada (DEMO, 2000).

Tem pouca chance hoje o individualismo docente e discente, no sentido tradicional de estudar sozinho, isoladamente, cada um por si. Cresce o interesse pela produção coletiva, sempre com o argumento maior de que a sociedade não é expressão individual, mas coletiva, a ponto de se colocar em questão a noção de autoria individual (LESSIG, 2004). Os jovens têm outra noção de identidade: não é expressão do confronto com os outros (embora isso sempre também exista), mas da convivência diferenciada. Identidade é produto tanto das igualdades, quanto das diferenças (SANTOS, 2005). Por isso, as identidades se tornaram flexíveis, dentro da dialética da permanência como expressão da mudança (mudança como constante) (MASSUMI, 2002), encontrando uma de suas florações mais complexas no mundo virtual: não se sabe quem está do outro lado, já que se apresenta como simulacro. Ao mesmo tempo, porém, todos podem construir sua identidade – mesmo que fantasiosa ou mentirosa – no mundo virtual.

Presença física exclusiva está definitivamente abalada. A noção docente de que o aluno só aprende escutando aula tornou-se velharia infame, porque não passa de tática disfarçada de controle disciplinar. Igualmente, a noção de que essa relação seria "contato pedagógico" esvaziou-se, porque é mais propriamente falta de contato: a relação instrucionista é negação de contato, por mais que exista presença física. Nenhum aluno está mais ausente do que aquele que escuta uma aula instrucionista, pois, como diz a blague de Werneck (1993), "um finge que ensina, o outro que aprende". No entanto, desse extremo passamos facilmente para o extremo oposto, marcado pelo desprezo da presença física, como pode ocorrer em cursos ditos "a distância" ou de presença virtual. Não há como substituir a presença física, ou a assim dita aprendizagem incorporada (HANSEN, 2004; 2006; VARELA et al., 1997). Ao mesmo tempo, parece que presença física irá predominar, deixando na poeira dos tempos a noção de "ensino a distância". Esta caducou porque a Internet acabou, em grande medida, com a distância: pode-se fazer orientação *on line*, ou por *email* ou qualquer outro *software* que faculte contato virtual direto, bem como podem-se submeter textos, fazer seminários e conferências sincrônicas (videoconferência, por exemplo). Será mais realista, pois, falar de tipos diferenciados de presença, não de distância.

A organização formal da educação também perde sua exclusividade, entrando em cena dinâmicas informais cada vez mais avassaladoras, com destaque para a web 2.0. Estudar só em sala de aula, só em hora e lugar marcado, só sob orientação (controle) do professor ou da instituição, é coisa do passado. As novas alfabetizações, em grande parte, se dão fora da escola (COIRO et al., 2008). Os jovens desenvolvem modos de estudar informais (DUDERSTADT, 2003), a seu modo e em seu ritmo, destacando-se as comunidades de prática, bem como a "*peer-university*" (GEE, 2007). Publicação torna-se terreno livre, já que cada usuário de Internet pode organizar isso a gosto. Os desafios profissionais, ao exigirem renovação constante da profissão, colocam pressão enorme sobre a necessidade de continuar estudando *motu proprio*. É por isso também que a relação curricular se esvaziou, porque saber o conteúdo curricular para a prova torna-se meta mesquinha que em nada fundamenta habilidades criativas que dão conta da renovação permanente que a vida e o mercado exigem. As dinâmicas desconstrutivas e reconstrutivas não frutificam tão bem com hora e lugar marcados, mas como vibrações constantes da própria vida.

Provavelmente vai morrer também o diploma definitivo, entrando em seu lugar algo provisório. A própria corrida cada vez mais frenética dos profissionais atrás de atualização comprova que seus diplomas secaram. Talvez seja o caso manter a porta sempre aberta para a reconstrução do diploma, dentro da ideia de que é fundamental fazer-se membro vitalício da comunidade universitária de aprendizagem. O estudo não gera tanto produtos, quanto processos inacabados e inacabáveis de formação aberta. E isso também dilui, em parte, a figura do professor acabado. No mínimo, sai do centro. Ao colocar, porém, o aluno no centro, não cabe partir dele para nele permanecer, deixando de lado a "zona de desenvolvimento proximal", ou seja, o desafio interminável de autossuperação com auxílio do professor.

5.3 Novidades

Primeiro, é fundamental tomar criticamente o que se entenderia por "novidade", por exemplo, uma "*nova pedagogia*". Já tivemos, para dizer o mínimo, uma escola "nova", que, de novo, praticamente só teve o nome. Tivemos em educação todas as experiências possíveis e imagináveis, com disciplina férrea e com nenhuma disciplina, todas "novas" a seu modo e efêmeras. É preciso, assim, perceber que a pretensão de inovação, como regra, é mais charme que realidade, se lembrarmos que a atual pedagogia, em geral espelhada na pedagogia histórico-crítica e proclamadora da "pedagogia da transformação", até ao momento pelo menos, não transformou nada. Num sentido, educação tem sempre compromisso com a inovação, teoricamente falando (OWENS, 2004). Esse refrão também faz parte da universidade (DUDERSTADT, 2003). Por vezes, trata-se apenas de mudanças de conceitos, categorias, discurso, abrigando sob eles as mesmas velharias. Diria isso da pedagogia histórico-crítica: muita novidade conceitual e pertinente, diga-se de passagem; na prática, é o guarda-chuva de práticas inomináveis, como os ciclos, a progressão automática, a alfabetização em três anos, a eliminação da avaliação etc. Em nome de Marx, amém! Na escola as crianças parecem estar aprendendo cada vez menos (DEMO, 2004) e o discurso sobre transformação social continua inalterado e impávido...

Segundo, novidades são naturalmente relativas e, por enquanto, são, a rigor, "*remix*". O que se propõe aqui é apenas o próximo "*remix*", que terá como sina comum chacoalhar o *status quo* e tornar-se, com o tempo, o próximo *status quo*, se der certo! É apenas uma alternativa teórico/prática de fazer pedagogia e que vale o quanto pesa. Para não falarmos nem demais, nem de menos, tento aqui especificar o que seria propriamente "novo". Não vale apagar o passado, porque, em parte, todo futuro é um passado alterado. Em parte, porém, não pode ser passado. Só permanece o que muda, tendo a mudança como constante (MASSUMI, 2002). Tudo que se propõe já foi proposto, de algum modo. Por exemplo, pesquisar e elaborar já eram preocupações eminentes de Dewey (BRUCE; BISHOP, 2008) e hoje um discurso quase comum; professor como orientador é coisa bem antiga, porque socrática; aprendizagem situada também vem de outros tempos, em todas as propostas que se preocuparam em tomar o aluno a sério; aprendizagem significativa é patrimônio de todas as teorias e práticas reflexivas; e assim por diante. Não haveria, pois, novidade, ou, pelo menos, alguma novidade?

Terceiro, com devida cautela, diria que há "alguma novidade", tais como:

a) o advento da ***web 2.0*** é certamente alguma novidade; como alegam Mason e Rennie (2008), nela não há apenas vantagens, há também questionamentos, porque toda instrumentação é naturalmente ambígua; por isso, a *web* 2.0 traz apenas uma oportunidade, não uma fatalidade; a oportunidade mais pertinente é facultar **autoria individual e coletiva** de modos instigantes e produtivos, em especial empurrando a discussão para a autoridade do argumento; talvez esse seja o toque pedagógico mais apreciável; obviamente, saber argumentar é preocupação multimilenar, não foi inventado agora; o que há de relativamente novo é que isso recebeu apoio eletrônico significativo, em especial ao aparecer no mundo virtual uma espécie de "esfera pública" que pode promover novas faces da cidadania que sabe pensar (DEMO, 2000a; 2005);

b) parece relativamente nova a ***motivação virtual das crianças***, algo que não sabemos bem explicar, mas que é fato notório; a proposta de Prensky (2001) de que as crianças são "nativas" não é pacífica (OWEN, 2004), mas impressiona aos adultos o fato de que crianças apreciem tanto (até demais) computador e Internet (e, de modo geral, todas as engenhocas eletrônicas, com destaque para celular e jogos eletrônicos); estando as crianças tão desmotivadas na escola, cumpre aproveitar essa chance e descobrir novas formas de oferecer aprendizagem que as interesse; há riscos claros aí (*bullying*, pornografia, pedofilia, consumismo etc.) (TROLLEY et al., 2006; Coiro et al., 2008), restando sempre o desafio pedagógico monumental de transformar a Internet em referência de pesquisa, não de plágio, e sem sucatear, de imediato, o livro e outros materiais impressos tradicionais;

c) é algo bastante novo o que se chama de "***novas alfabetizações***", ainda que sempre tenha havido crianças que se alfabetizaram fora da escola melhor que na escola, bastando citar o programa norte-americano de alunos (quase um milhão) que estudam em casa com os pais; novo aí é principalmente a base tecnológica que, para além de meio, comparece como alfabetização também, em geral sob a nomenclatura de "habilidades do século XXI"; estas não se restringem às novas tecnologias (sempre se citam ainda inglês como "*língua franca*", aprendizagem permanente, multi, interculturalidade etc.), mas são as mais badaladas; ler, escrever e contar passaram a ser habilidades subsidiárias, o que torna tanto mais ridículo reservar até três para elas no processo escolar de alfabetização; aparecendo no plural, "alfabetizações" sugerem modos formais e informais, estando, no momento, mais na berlinda os informais (em geral, em casa, com computador e Internet);

d) há algo de novo na exigência de ***autoria docente e discente***; em si, desde Sócrates, espera-se isso, mas, com o tempo, o espírito medieval tomou conta da pedagogia, tornando-se, frequentemente, um susto enorme exigir que professor e aluno sejam autores; na prática todos que aprendem bem se tornam autores; no mundo mais avançado, a docência é caudatária da autoria, não apenas dos títulos, valendo isso também para professores básicos: quem não é autor não pode ser professor; alargar isso para os estudantes pode parecer novo, não porque seja tão novo, mas porque impera a visão instrucionista sobre o estudante: papel dele é escutar aula, tomar nota e fazer prova; ao mesmo tempo, a questão da autoria recebeu novos toques teóricos e práticos, desde a "morte do autor" (BARTHES, 1968; 1977), até modos virtuais de publicação como *blogs* e *wikis*, nos quais se conjugam virtudes interpretativas pessoais e comuns: é fundamental burilar os modos pessoais (autor hermeneuticamente irrepetível) e comuns (autoria coletiva) (SUNSTEIN, 2006);

e) são relativamente novos os ***textos multimodais***, por mais que no passado sempre houvesse textos que ultrapassavam a mera escrita (por exemplo, as iluminuras, as ilustrações, os mapas, os gráficos etc.); aumenta o reconhecimento de que textos eletrônicos não podem ser tratados apenas como variantes de textos impressos (HAYLES, 2008), ainda que haja visíveis continuidades; o desafio maior é lidar com imagem, som e animação, em especial em ambientes de 3D, até "normalizar" tais textos para uso generalizado, também na academia (por exemplo, teses e dissertações de pós-graduação); não se esperam milagres, a exemplo do provérbio comum de que uma imagem vale por mil palavras, porque, por vezes, a imagem também não vale sequer uma palavra (KRESS; LEEUWEN, 2005); busca-se inserir essa multimodalidade nas práticas da boa argumentação, realçando sempre a autoridade do argumento;

f) a ***aprendizagem informal*** aparece como referência importante (MASON; RENNIE, 2008), embora em geral como recurso agressivo contra a aprendizagem formal e contra a própria escola; aprender informalmente não tem, em si, novidade alguma; a novidade é que rivaliza agora com a formal, por conta das novas tecnologias de um lado, e, do outro, por conta das exigências exacerbadas do mercado de aprendizagem permanente; pode ter seu lado pertinente, quando se apresenta como base da habilidade de aprender sempre, mantendo-se as pessoas e as comunidades abertas à infindável desconstrução e reconstrução do conhecimento; ademais, essa ideia eleva a importância de tomar iniciativa própria, deixando para trás o vezo de estudar apenas quando se é obrigado;

g) no ***plano teórico***, também há algumas novidades, em especial aquelas que dependem de pesquisa inovadora; tais inovações, em geral, reforçam boas ideias tradicionais, como a autopoiese que secunda fortemente procedimentos socráticos e freireanos; os jogos eletrônicos apreciam muito a "zona de desenvolvimento proximal" (ZONA..., 2008); está na moda a pesquisa neuronal, tentando entender melhor, na linguagem de Edelman e Tononi (2000), como a "matéria se torna imaginação"; em si, é o que se haveria de esperar da pesquisa por definição inovadora, que pode aduzir novos argumentos em torno do que seria aprender bem; no entanto, inovações teóricas precisam, ainda, curvar-se às práticas.

À sombra dessas ideias pode-se conceber uma pedagogia "nova" com devida crítica e autocrítica. Como aprender é atividade comum, não haveria como destituir essa marca em nome de saltos mortais que reinventassem a história. Seria apenas reinventar a roda! O risco de modismo é iminente e eminente, aliás, uma pecha que avassala a pedagogia, mostrando nisso o quanto lhe falta consistência teórica. Quem tem cabeça vazia corre atrás de qualquer vento e se oferece como discípulo, ignorando que, no campo da aprendizagem, só vale ser autor, mestre, autônomo. Ao mesmo tempo, criticando-se outras pedagogias, facilmente esquece-se da autocrítica: o que é novo sempre se torna velho. Nesse sentido, nessa "nova" pedagogia o mais novo é o que há de mais velho: ***aprender bem***. Não é propriamente uma "pedagogia nova", mas uma pedagogia comprometida, como tantas outras, com aprender bem.

Para fazer um exercício mais prático, proponho-me a discutir como poderia ser o ***design*** de um curso "novo", dentro da fundamentação aqui desenvolvida. De partida, poderíamos imaginar uma pedagogia, ao mesmo tempo, "pedagogicamente correta" e "tecnologicamente correta". Por pedagogicamente correta, entendemos aquela que se compromete com aprender bem, apresentando-se como exemplo à risca de como se aprende bem. Já por isso, não propõe filiação teórica, porque a pedra de toque não é teoria, mas aprender bem ("adota-se" o aluno, não teorias). Teoria é necessária, mas só pode ser processo de desconstrução e reconstrução permanente de teorias, em especial porque é indispensável continuar aprendendo de outras teorias, particularmente das adversárias (DEMO, 2005d). O professor, para alfabetizar bem, precisa de teoria, não, porém, de teoria oficial ou obrigatória. Ou seja, precisa desenvolver sua proposta teórica própria, sempre aberta, não em nome de autores e discursos, mas do aluno. Se este não se alfabetizar bem, nenhuma teoria importa. Teorias, portanto, se usam, não se adotam. Quem "adota" teoria torna-se papagaio dela.

Embora aprender bem sempre seja motivo de controvérsia – sem controvérsia não se aprende bem! – precisa comparecer como razão de ser da pedagogia. Assumimos aqui a noção de autoria, não como peça sagrada, mas como referência pertinente, no sentido de que autoria bem arrumada também sabe diluir-se, desconstruir-se, recomeçar. Por essa razão, incluímos no aprender bem sempre pesquisar e elaborar, não porque sejam termos intocáveis, mas porque representam processos de formação de autoria e autonomia (DEMO, 1996). Daí segue que aula instrucionista não cabe de modo algum. A aula não instrucionista cabe, mas é apenas expediente supletivo. Indispensável é que o aluno aprenda bem, realizando dinâmicas consentâneas com esse propósito, em particular produzir textos próprios individuais e coletivos, sob orientação e avaliação docente. Por outra, partir do aluno é meia verdade apenas: de um lado, é imprescindível partir dele, para tê-lo como sujeito e protagonista; de outro, é crucial que ele deixe a situação em que se encontra, superando-se incessantemente com apoio dos professores ("*scaffolding*").

"Tecnologicamente correta" é a pedagogia que assume o desafio de integração com as novas tecnologias, não para nelas se afogar, mas para renascer. A primeira tentação é alegar que tecnologia é apenas meio, em tom depreciativo. Não cabe, porque as novas tecnologias são igualmente alfabetização, sem falar que a relação entre ser humano e tecnologia não é apenas *instrumental*, mas igualmente *essencial*. Por "essencial" não se entende relação determinista, mas condicionamentos recíprocos que fazem parte de nossa natureza e história (HAYLES, 2005; 2008). Somos, de um lado, tecnologia da natureza (produto tecnológico fabricado pela evolução); de outro, desenvolvemos pela história afora sucessões tecnológicas que mostram uma criatura que não é apenas tecnologia, mas produz tecnologia (SIMONDON; HART, 2001). Não faz bem para a pedagogia desvencilhar-se das novas tecnologias. Antes é fundamental abraçar o desafio, também para nele permanecer como sujeito. O desafio central é guinar as novas tecnologias para o compromisso de aprender bem, no que adquire papel preponderante a *web* 2.0. É possível com esta aprimorar as condições de autoria, algo que deveria tornar-se objetivo maior da pedagogia. Dispensável dizer: a pedagogia precisa cultivar uma relação crítica e autocrítica, sem panaceia, sem vassalagens, mas também sem resistências inócuas (JOCHEMS et al., 2004)).

Tendo acertado que a pedagogia deveria ser pedagogicamente e tecnologicamente correta, pode-se atacar o currículo. Não será mais uma grade inchada e obsessiva, mas a seleção de tópicos considerados relevantes e que receberão tratamento exaustivo de pesquisa e elaboração. Ou seja, deixa-se de lado o currículo extensivo, em nome do intensivo (DEMO, 1996). Como consequência, o estudante vai estudar por volta de três matérias por semestre, não precisa vir todo dia à faculdade, o curso torna-se naturalmente uma mescla de presença física e virtual, predominando uma ou outra, conforme o *design*. Pode-se acrescentar uma matéria "prática" por semestre, oferecida para que o estudante "observe", "acompanhe", "veja de perto" situações/dinâmicas/processos definidos como relevantes para sua formação, por exemplo: observar durante um semestre o uso de livros didáticos, dentro do procedimento de pesquisa, resultando elaborações críticas e que produzam alternativas. Pode-se, como outro exemplo mais rebuscado, observar uma atividade pedagógica da nova mídia – digamos, programa/produtos da Xuxa para crianças – para sacar daí aportes também críticos e desenhar alternativas.

Do ponto de vista dos conteúdos, cabe ressaltar referências condizentes com a formação pedagógica e tecnologicamente correta, tais como: (i) teorias da aprendizagem/alfabetização, com o intuito de esclarecer o que é aprender bem; (ii) teorias da aprendizagem/alfabetização virtual ("novas alfabetizações", "multialfabetizações"); (iii) fluência tecnológica, em especial traquejo com a *web* 2.0; (iv) metodologia científica, tendo em vista ressaltar o desafio de autoria científica; (v) estatística como instrumento de pesquisa quantitativa e qualitativa, também para valorizar matemática (alfabetizações que conjuguem língua portuguesa e matemática inseparavelmente); (vi) desafios da sociedade da informação e conhecimento, globalização, neoliberalismo.

Do ponto de vista organizacional, é importante que o estudante monte projetos de pesquisa constantemente, eclodindo essa habilidade em Trabalho de Conclusão de Curso (TCC) que seja a coroação da trajetória anterior cumulativa. Precisa ainda de estágio profissionalizante de dois semestres, tendo como objetivo, entre outros, saber alfabetizar bem, na teoria e na prática. Não se pretende "dar tudo" (currículo extensivo), mas aliar conteúdo com aprendizagem adequada: nenhum conteúdo adianta, se for mal aprendido; nenhuma aprendizagem adianta se for vazia de conteúdo. Não há fórmula pronta para *design* de curso. Ao contrário, sempre se trata de engenharia aberta e que, por isso, toma decisões de fazer mais isto ou mais aquilo, desde que exista coerência teórica e prática. O que haveria de novo aí é a superação do instrucionismo – se isso ocorresse a contento, já seria novidade extraordinária! Deseja-se que nossos formadores sejam bem formados...

Parte decisiva do *design* do curso é sua ***logística*** da aprendizagem, entendo-se por isso o modo de organizar o semestre, exigindo, como regra, alguma plataforma virtual tipo "*moodle*". Podemos arquitetar vários cenários:

a) *cenário 1*: curso predominantemente de presença física – com três matérias por semestre, o aluno só comparece três vezes na semana necessariamente; precisa ainda de arranjar tempo para sua prática semestral, além de estudar informalmente; pode haver aula, mas com sentido exclusivo de organizar pesquisa e elaboração; transmissão de conteúdos não faz sentido; cada professor poderia, a cada semestre, construir um DVD sobre a matéria, o que dispensaria aula; tal DVD não "grava aula", porque não faz sentido – seria apenas colocar em ambiente eletrônico a mesma "apostila"; assim, os professores devem organizar o estudo dos alunos durante o semestre, não aulas; nesse caso, o corpo de professores pode ser pequeno, aumentando o trabalho em termos de orientação e avaliação;

b) *cenário 2*: curso predominantemente de presença virtual – primeiro compromisso é a presença física, ainda que menos espaçosa; podem-se imaginar, por exemplo, encontros intensivos (digamos de seis dias seguidos), nos quais se estudam as três matérias (sempre juntas, transdisciplinarmente), sem aula, usando pesquisa e elaboração como base (DEMO, 2005e); assim, no semestre haveria três semanas de encontro (uma em cada um dos três primeiros meses); segundo desafio é a presença virtual, organizada, em geral, em dois lances: contato *on line* sincrônico ou não sincrônico, através do qual é possível ocorrer orientação, avaliação, apresentação/discussão de textos; contato por videoconferência, não para dar aula, mas para manejar a produção individual e coletiva dos alunos, sempre antes devidamente orientada *on line*; tais encontros virtuais podem-se dar-se todo sábado (exceto os sábados usados para os cursos intensivos); uso intensivo de plataformas da *web* 2.0 (em especial *blog* e *wiki*, dentro do *moodle*) é indispensável, o que também supõe devida fluência tecnológica; nesse caso o curso precisa de um número mais elevado de professores, para cuidar adequadamente de cada aluno;

c) *cenário 3*: cursos que usam na mesma proporção presença física e virtual – desafio maior é construir adequados ambientes virtuais de aprendizagem, em especial com uso intensivo de plataformas que fomentam autoria; essa ideia aproxima-se do modo jovem de estudar: não se distinguem momentos virtuais e não virtuais, porque tudo faz parte do mesmo fluxo da aprendizagem; "educação a distância" desaparece, porque desaparece a distância; considero esse cenário como intermediário, tomando em conta que a tendência é de aceitar a predominância da presença virtual; ficaria bem em cursos atuais ditos presenciais e que, aos poucos, se deixam permear de atividades virtuais, até se equilibrarem, tornando-se "normal" aprender bem virtualmente.

5.4 Hipóteses sobre alfabetização virtual

Faço aqui um exercício hipotético e muito preliminar sobre a dinâmica usual das crianças que se alfabetizam com computador, com o objetivo de alertar para situações novas ainda pouco trabalhadas, rever procedimentos tradicionais e entender novas expectativas para os alfabetizadores. Estes continuam essenciais, mas são muito questionados. A divisão em fases é apenas instrumental, tendo como sentido organizar a dinâmica da alfabetização, sem replicar – pelo menos na intenção – formatações rígidas por vezes lançadas contra a visão piagetiana. Na prática, busca-se apenas dimensionar o que estaria acontecendo com essas crianças dentro de um marco teórico tentativo, com vistas a compreender melhor qual seria o papel do professor. Por isso, em cada fase se teoriza rapidamente o "*scaffolding*" docente, tanto para sugerir que docente continua crucial (por mais que seja questionado em sua raiz), quanto para aludir ao papel de "*coach*" socrático.

1. *Fase 1*: a criança começa a ***mexer no computador***, seja qual for a razão, sendo a mais comum ter um computador em casa ao qual tem acesso, em geral sob orientação dos pais ou de irmãos mais velhos. O ímpeto inicial é lúdico claramente, além de mimético (vê outras pessoas no computador e começa a perceber que muita gente gosta de computador, sobretudo crianças). A motivação maior, com o tempo, é a atração forte por "pilotar o computador", já que ele responde através do teclado e do mouse, em ambiente de surpreendente interatividade.

   Duas referências inesperadas surgem logo:

   a) a criança não faz curso de computador; fazer curso é coisa de adulto que tem dificuldade com computador; em geral, não há criança que tenha "dificuldade", assim como não tem dificuldade em manejar o celular; assim, em vez de "teorizar" o manejo do computador, vai pela prática, mexendo com ele, conforme consegue e progressivamente, à medida que percebe e domina as respostas do computador;

   b) a criança não faz curso de leitura; curso de leitura é coisa da escola ou de outros ambientes formais impositivos; na verdade, no computador a criança vive "lendo", mas, no princípio, "lê" imagens, sons, animações, filmes etc., ou seja, textos não "impressos" tradicionais; a leitura impressa é apenas uma dimensão, e não a primeira; esse nível de "alfabetização" não parece problemático, já que se resolve praticando o manuseio lúdico do computador; começa a aparecer certo "domínio" do computador, através de comandos facilmente memorizados; à medida que a criança percebe alguma lógica entre tais comandos, vai formatando em sua cabeça modos recorrentes de usar e fazer funcionar.

Assim, a criança "mete a mão" sem medo, construindo uma simbiose marcante e em geral surpreendente: computador e criança parecem um feito para o outro, como velhos conhecidos. Prensky (2001) define as crianças como "nativas", enquanto os adultos seriam "imigrantes", para assinalar diferenças notáveis entre as duas gerações. Ao usar o teclado, começa a perceber letras e números, e outros signos que fazem o computador reagir. A criança descobre que computador é máquina interativa. Nela se podem ver filmes, ouvir música, assistir a desenhos e outras animações, navegar na Internet... A relação mais forte com a criança, além de lúdica substancialmente, é poder interagir com a máquina que responde de maneiras atraentes, instigantes.

"*Scaffolding*" apresenta-se mormente através da experiência e dos colegas (dicas de como fazer, obtidas da experiência em pilotar o computador e da conversa com pares – "*peer*"). Adultos podem ajudar, na posição de "*coach*", não de instrutor, também porque a criança detesta instrução: gosta de descobrir sozinha como funciona a máquina. Adulto não é dispensado propriamente, mas sua função é de apoio, suporte, cuidado, não de controle. Como o mundo do computador/Internet é um mundo carregado de riscos, o papel do adulto é fundamental para proteger as crianças (SETZER, 2008).

2. *Fase 2*: aparece o interesse na leitura e escrita impressas, tendo como motivação maior interagir com colegas, por *email* e outras vias que permitem comunicação direta virtual. A criança descobre que pode interagir não só com a máquina, mas com os colegas através da máquina. Surge, então, a oportunidade de criar um mundo virtual de relacionamentos excitantes, no qual comparece como sujeito capaz de comandar procedimentos eletrônicos e obter deles interações relevantes. Ao lado do mundo real, constitui-se o mundo virtual que, por ser dinâmico, colorido, provocativo, exerce forte atração (MIKA, 2007).

Não se orienta por indicações específicas sugeridas por muitas teorias, como nome ou palavras geradoras, mas pela necessidade de se comunicar, montando as palavras como ouve e descobre como se escrevem. Primeiro desafio é ligar som com letra e número, aprendendo a transformá-los em sequência de símbolos na tela. Imagina a mensagem que quer enviar (se for *email*) e vai, por tentativa e erro, ajuntando as coisas, em geral com orientação de colega (ou de adulto). Não usa só letra e número, mas outros símbolos comunicativos que encontra no teclado, para expressar risos, amizade, satisfação, abraço etc., donde surge o "*internetês*".

Segundo desafio é montar um "texto", mesmo que de uma linha, mas completo, com comunicação inteligível e significativa. Aprende, então, protocolos da comunicação, próprios da idade: como se começa o *email* ("Olá Tiago"), como se faz a comunicação central (a mensagem propriamente dita) e como se conclui (despedida). Embora rudimentar, o texto começa a tomar forma, aprimorando-se à medida que a comunicação se desenvolve e sofistica. Por exemplo, se for o caso "combinar" alguma tarefa, será preciso organizar o texto para expressar o que se quer dizer ("Precisamos conversar sobre o que a professora pediu na escola; vamos combinar um encontro de fim de semana em alguma casa e organizar o que vamos fazer; quero contar como foi a festinha do aniversário do Tiago"...).

Terceiro desafio é montar textos multimodais, para além dos meramente impressos. A criança começa a dominar *softwares* pertinentes, discutindo-os também entre pares, inclusive novidades constantes. Acrescenta, pois, ao texto impresso outras modalidades (daí texto multimodal), como imagem, som, animação etc. Chamariz em geral importante é a construção de uma identidade virtual, a partir de foto ou de outra imagem encontrada na Internet e que se quer incorporar, burilando com criatividade. Descobre que esse "avatar" permite enorme versatilidade e criatividade, também dúbia e arriscada (construir no mundo virtual um personagem diferente do real), surgindo modos mais plásticos e diversificados de identidade. "Aperfeiçoa-se", assim, o "*internetês*", mas que pode ser "corrigido" sob orientação, no sentido de ir chegando à língua culta. O "*internetês*", no entanto, não pode ser visto apenas como veleidade da criança, porque é também, além de expressão lúdica própria, uma espécie de autodefesa contra a intromissão dos adultos. A criança detesta o adulto como capataz, do que segue a exigência de enorme habilidade por parte dos pais sobretudo no sentido de estabelecer limites ao uso do computador/Internet, ainda que não sob os auspícios da "proibição" (TIBA, 2007; 2007a).

"*Scaffolding*" apresenta-se através de colegas e adultos (estes na condição de *coach*). Os desafios se sucedem, respondendo ao que se chama de "aprendizagem situada" ou orientada por problemas instigantes da vida da criança: usar o teclado, associar letras para formar palavras e números, sacar significados, usar os recursos para expressar-se, receber/enviar *email*... Aprendendo a se comunicar com colegas, o processo deslancha com grande velocidade, pois adquire forte motivação própria – a criança descobre o mundo da interação via computador; se tiver acesso à Internet, a motivação cresce exponencialmente. Adulto pode ser muito importante para apoiar a formação da leitura e da escrita, sempre na direção de construir significados vinculados às situações de vida da criança, além da função natural de proteção. Não é o caso trazer esquemas pré-fabricados (exemplo, palavras geradoras, nomes das crianças), mas partir das referências da criança naquele momento (pode ser, por exemplo, de um filme, da novela, do desenho animado, do contato com colega etc.).

3. *Fase 3*: a criança desenvolve estilos próprios de organização de atividades *on line*, desde jogos, chats, *orkut*, MSN e outras modalidades de interação que sustentam formas coletivas de vida virtual. A criança cria seu mundo virtual,

no qual passa horas por dia e faz dele parte central de sua vida. Aparece, então, outro tipo de sociabilidade, do qual, em geral, a maioria dos adultos não participa: desenvolve-se a percepção de que o virtual é real e vice-versa, ao estilo da *Second Life*. As plataformas da *web* 2.0 são mais indicadas, porque induzem a criança a produzir textos de toda sorte, permutando modos de criação própria compartilhada. Ao lado de infinitas banalidades e que, em parte, expressam a ludicidade infantil, podem desabrochar espaços de autoria consistente e promissora.

Uma coisa é, por exemplo, comunicar-se ao léu, informalmente, sem cuidado maior. Outra coisa é constituir um *blog*, no qual a criança divulga seus textos multimodais, é comentada por colegas da idade, discute suas produções e as reconstrói. Aparece, então, o texto "formal", aquele tipo de texto que, sendo bem estruturado, pede comentário também estruturado, fomentando argumentações e contra-argumentações, com base na autoridade do argumento. Em geral, pode predominar o "passatempo", já que relacionar-se é expressão fundamental de crianças e jovens. Pode predominar também o texto reproduzido. Mas pode surgir um "remix" criativo, à medida que a noção de autoria vai surgindo.

"*Scaffolding*" aparece através dos pares, tendo em adultos uma referência mais longínqua. Os problemas são resolvidos na patota, ou, nas comunidades de prática. Duas habilidades costumam se desenvolver: criação de textos próprios e avanços significativos na fluência tecnológica. A vantagem que as crianças já tinham por serem "nativas" pode se acentuar, à medida que dominam procedimentos com grande desenvoltura, sem falar que, naturalmente, acompanham as novidades. Lidar com computador passa a fazer parte da vida, tornando-se habilidade comum como ler, escrever, contar. A orientação e avaliação por parte de adultos aparecem mais nitidamente na elaboração de textos mais pretensiosos.

4. *Fase 4*: a criança começa a entrar no mundo acadêmico, considerado desafio maior e mais complexo da alfabetização. Até então a expressão permanecia no âmbito da *comunicação comum*, do jeito que todo mundo fala, conta, relata, se expressa. Entende-se por nível "acadêmico" o estilo de comunicação que exige estruturação metodológica, discurso correto formalizado, texto com começo, meio e fim, elaboração acurada (GEE, 2004). Toda criança fala, faz contas, não sendo isso, normalmente, problema. Problema é falar como a professora quer, naquela linguagem canônica, culta, ou fazer contas mais rebuscadas que exigem grande abstração. Este parece ser sempre desafio complexo, que a criança enfrenta melhor em ambientes virtuais, pois estes facultam percepção situada mais visível. Na escola, em geral, as coisas já começam abstratas. No computador tudo começa no nível e na dinâmica da criança, advindo a abstração e a formalização aos poucos, de acordo com as motivações intrínsecas da interação. Mesmo assim, pode ser difícil enfrentar a tarefa de produzir um texto acadêmico, por mais que, neste nível, o termo *acadêmico* seja bem pleonástico. Como ela sabe "internetês", há um bom co-

meço, tratando-se de passar disso para modos mais adequados de expressão. No jargão acadêmico, trata-se de dar conta da "norma culta".

"*Scaffolding*" é voltado mais para adultos (professores); não cessa o recurso aos pares, porque é parte sempre integrante, mas orientação/avaliação por parte do professor aparece aí como condição fundamental. Parte decisiva é situar bem a produção de textos, com o objetivo de circunstanciar adequadamente os processos de abstração inevitáveis em expressões acadêmicas mais formalizadas. A partir daí a criança aprende a argumentar, fundamentar, refletir, sob orientação dos professores e que se tornam, tanto mais, figuras fundamentais do processo formativo dos alunos. A *web* 2.0 pode ser de grande ajuda, à medida que as crianças fazem textos expostos à apreciação pública e os discutem com base em argumentação bem-feita. A dificuldade comum de dar conta de discursos acadêmicos formais, marcados pela habilidade de abstração e generalização, pode ser apreendida de várias maneiras. Por parte da biologia, as sugestões se concentram, de um lado, na prática que vem antes da teoria na vida das pessoas (para falar não é preciso, antes, uma teoria da fala) (EDELMAN; TONONI, 2000), de outro, na estruturação cerebral (LEWIS et al., 2000) em parte desengonçada, em especial na visão tripartite do cérebro (reptílio, límbico e neocortical). Construído evolucionariamente de pedaços anteriores, as partes não se encaixam completamente, do que seguem, por exemplo, os conflitos entre razão e emoção: esta provém das profundezas reptílicas e límbicas, enquanto a razão se move no neocórtex, bem mais recente. Nessa visão, o cérebro é, ao mesmo tempo, uma máquina fantástica (saber interpretar ambiguidades, por exemplo) e incompleta, como todo processo evolucionário sempre a caminho. O cérebro não faz o que bem entende, mas o que a evolução permite.

Ainda, a evolução da consciência tem, por baixo, modos inconscientes evolucionários (HAYLES, 2008) que em geral se ignoram por conta da soberba consciente (DENNETT, 1991; 2003). Quer dizer, processos conscientes se nutrem de processos não conscientes, tal qual ocorre na "imaginação": como dizem bem Edelman e Tononi (2000), a matéria se torna imaginação, sem que ela "saiba". Talvez tais aportes poderiam iluminar um pouco mais a dificuldade de atravessar as linguagens, passando das naturais para as formais. A forma acadêmica tem por baixo formas não conscientes naturalmente armadas: estas funcionam naturalmente (toda criança fala, a menos que tenha algum problema), as outras precisam ser conquistadas, construídas, seguindo procedimentos abstratos, metódicos. De um lado está o discurso "científico" (DEMO, 2000), marcado pela "ordem do discurso" (FOUCAULT, 2000), de outro, o senso comum e outras linguagens "não problemáticas", como bom-senso, sabedoria, por vezes até elaboradas, mas não formalizadas propriamente. De um lado está a linguagem do experto, de outro, a popular. O mundo da vida orienta-se pelas práticas social e culturalmente construídas, não por sistematizações formalizadas. Tocar bem violão é sobretudo uma prática, cuja teorização, embora sempre possível e até mesmo desejável, não é essencial. Tanto é assim que, se o tocador virtuoso se põe a analisar o que faz, não toca. Assim é também com a aprendizagem de uma segunda língua: só a falamos razoavelmente quando já não precisamos mais ficar pensando na gramática, em cada palavra, na frase. Doutor em administração pública não é, necessariamente, o melhor Presidente da República.

Aí está a diferença profunda entre a fala comum (fofoca, digamos, na qual todos são peritos naturalmente) e a fala formalizada (discurso) (GEE, 2004), que pressupõe habilidade metodológica. Diz-se, por isso, que ciência é questão de método, ou seja, discurso construído metodicamente, não amadoramente. Essa passagem continua a ser grande desafio da alfabetização, inclusive no computador. Falar simplesmente é bem diferente de saber pensar, argumentar e contra-argumentar, brandir a autoridade do argumento. A criança se desempenha bem enquanto não precisa enfrentar formalizações que se tornam mais abstratas. A aprendizagem virtual pode ter alguma vantagem, por poder lançar mão de artifícios digitais que situam melhor a criança e abrem horizontes de autoria. Funciona também a simbiose fácil entre criança e mundo virtual.

A ideia do "*scaffolding*" abriga dois horizontes entrelaçados de importância estratégica:

a) partir da criança, de sua motivação, percepção, desejos; por sorte, computador, em geral, faz parte das motivações mais sensíveis da criança; dificilmente é necessário fazer força ou impor, como é comum forçar a criança a se alfabetizar na escola;
b) elevar a criança para patamares cada vez mais exigentes, de tal sorte que ela sempre se supere; esse é o papel fundamental dos adultos no processo e também dos pares, em especial dos pares mais adiantados (proposta de Vygotsky).

Significa reconhecer que, se partir do aluno é começo imprescindível, sair desse ponto de partida não é menos imprescindível. Em geral entende-se mal essa proposta de partir do aluno, porque, ao tomar o aluno como ponto de partida, se o toma também como ponto de chegada. Não se estabelece, então, o desafio de avançar para patamares superiores. Teorias como a dos ciclos, ou a mania da progressão automática, ou mesmo a expectativa do Ideb de alfabetizar em três anos, transformam a percepção em si correta de partir do aluno em ponto de chegada – o aluno não sai mais daí. Tornam-se, assim, teorias pobres para os pobres.

Bastaria observar com alguma atenção a "*peer-university*" das crianças: discutem *on line* avanços programáticos, na perspectiva de dar conta de novos desafios incessantemente; não tendem a girar indefinidamente em torno das mesmas coisas, como se a condição atual fosse o bastante. Embora sempre possa ocorrer que as crianças *on line* se dediquem a reproduzir material pronto, em parte essa questão surge se o ambiente for de controle disciplinar. Se o ambiente contiver motivação adequada, as crianças facilmente querem produzir expressões crescentemente elaboradas.

Tais hipóteses sobre alfabetização virtual nunca estão satisfatoriamente colocadas, se não alertarmos para os riscos flagrantes do mundo virtual. É, sem dúvida, perigoso para a criança navegar à solta na Internet. São muito arriscados os relacionamentos virtuais, em especial porque nunca se sabe quem está do outro lado realmente. Por isso, a proteção do adulto é crucial. As crianças não gostam disso, porque apreciam navegar em liberdade. Mas, educar implica também construir limites, uma engenharia finíssima e sempre também arriscada. Proibir simplesmente é tolo, porque apenas se acirram os ânimos. Estamos hoje entre fogos cruzados. De um lado há os que gostariam de impedir o acesso às crianças, seja porque se consideram tais acessos desnecessários, seja porque são de fato perigosos (SETZER, 2008). De outro há os basbaques que veem no computador/Internet a salvação da lavoura, sem perceber que esse consumismo é um tributo rasteiro ao mercado e a explorações vis (NAAM, 2005). Em particular na escola, não se pode correr o risco de expor as crianças, já que isso poderia danificar por completo qualquer programa de alfabetização digital (até mesmo judicialmente). Em termos educacionais, a pedagogia tem mostrado muito mais resistência do que capacidade de enfrentar a questão (EVANS, 2001; FRIED, 2005). A resistência não cabe, porque a correnteza é muito mais forte que os pedagogos. Cabe, sim, habilidade questionadora, para que a aprendizagem virtual seja uma proposta sobretudo pedagógica, no melhor sentido possível.

6 Pedagogia do Aprender Bem

Não buscamos "novidades", mas oportunidades de aprender bem. Essa perspectiva é tão velha quanto a humanidade, e, no campo da educação, pelo menos tão antiga quanto Sócrates. Ele tinha em mente o repto de como formar jovens adequadamente, de dentro para fora, com autonomia e autoria. No campo da aprendizagem virtual, a motivação é a mesma, embora em outra circunstância, marcada agora pelas TICs. Não é viável pretender definições cabais, porque toda teorização é, natural e culturalmente, incompleta. Como propõe Santos (2004; 2005), as culturas poderiam conviver melhor, se soubessem aceitar que são incompletas, algo muito difícil para a cultura eurocêntrica, acostumada à prepotência. Somente culturas incompletas podem completar-se. Somente pessoas incompletas podem aprender. Talvez seja essa uma das dimensões mais pertinentes das novas tecnologias: tudo nelas é incompleto, inacabável, fragmentário, passageiro. Esse sentimento, no entanto, não pode tornar-se "relativista", como se já não tivéssemos qualquer parâmetro de referência. Temos, sim, parâmetros de referência, mas de validade relativa, pois essa é a única validade viável na natureza e na história (DEMO, 2005b). Validade não pode ser maior que nós mesmos: se somos válidos apenas relativamente, o que produzimos também assim será. Essa ideia casa bem com propostas metodológicas abertas, vigentes até mesmo em ambientes positivistas, como a tese da falibilidade das teorias de Popper (DEMO, 1995).

Na prática, porém, tendemos a constituir teorias oficiais, superiores, únicas e que não passam de ideia fixa. Sabendo lidar com teorias como instrumentação aberta, no sentido de saber *usá-las*, não *adotá-las*, tendo em vista um objetivo muito mais fundamental que é construir autoria própria, o arsenal disponível de teorias representa um manancial interessante, sempre em movimento e contradição, de evoluções discursivas. Toda teoria tem precedentes. Não surge do nada, como tudo na natureza e na história. Por isso, os internautas gostam de usar o conceito abusado de "*remix*": na Internet qualquer artefato é um "remexido", algo feito de partes que já havia antes, mas compostas de outra maneira. A originalidade é sempre apenas relativa. Primeiro, não pode haver originalidade completa, porque nada é completo. Processos evolucionários somente são possíveis em contextos de dinâmicas incompletas. O ser humano é, ele também, um *remix*: tem por trás bilhões de anos de evolução e muita história, cultura, tradição. Por isso, perante um bebê que nasce é sempre viável expressar duas posições antagônicas: um "novo" ser, que não vai se repetir; ou uma repetição do mesmo esquema de produção de seres humanos. Uns dirão "reprodução" (fala-se comumente de "reprodução humana"), outros de geração de uma nova vida. Segundo, sempre há alguma originalidade, por conta da face subjetiva, individual, própria de cada ser humano. De fato, não existe a possibilidade de um povo ter a mesma cultura do outro, nem de um ser humano ser cópia fiel do outro, mesmo em gêmeos idênticos. Se as características físicas podem parecer muito, o modo de ser é incrivelmente próprio. Terceiro, a *web* 2.0 tem a chance surpreendente de aproveitar as duas vertentes, fazendo delas uma complementação instigante: há plataformas que privilegiam a originalidade individual, aquela que não se repete, e faz da autoria algo insubstituível (*blogs*, por exemplo); mas há plataformas que privilegiam a composição coletiva, na qual a autoria individual desaparece em nome da coletiva (*wikis*, por exemplo). Não some o charme da originalidade, mas é empurrada para horizontes da criatividade coletiva, a exemplo da natureza que não cria pela via de gênios, seres especiais, golpes de mestre, mas evolucionariamente, sempre de modo preferentemente silencioso, subterrâneo, e, sobretudo, sem controle. Assim parece ser nosso destino: de um lado, somos, cada um de nós, uma expressão própria, original; de outro, um elo a mais de uma cadeia infinda. Em termos pedagógicos, é tão importante promover a originalidade individual, quanto coletiva, em nome sobretudo da cidadania que se expressa tanto individual, quanto coletivamente, sendo esta, como regra, mais decisiva (SENGE, 2000).

A pedagogia vive, hoje, contradição lancinante, porque não é local de aprendizagem consistente, muito menos de uso tecnológico minimamente adequado. Persiste a fama de um dos cursos mais fracos oferecidos na universidade, sem falar que tem sofrido encurtamentos seguidos. O ambiente é marcado pelo instrucionismo, dentro de noção tradicional de didática, voltada para repassar conteúdos. Ao mesmo tempo, o curso resiste às novas tecnologias, seja porque as teme (sempre aparece a ameaça de substituição dos professores), seja por incoerência (mantém o discurso da pedagogia da transformação que nada transforma), seja por tradição (professor é quem dá aula e isso basta), seja principalmente por apego a didáticas obsoletas instrucionistas. Quando se interessa por novas tecnologias, tende a usá-las para aperfeiçoar o atraso, como é "melhorar" a aula.

Para essa discussão, traço dois desafios mais prementes para o futuro da pedagogia em termos de aprendizagem: ser *pedagogicamente* correta; ser *tecnologicamente* correta.

6.1 Pedagogicamente correta

Parece sarcasmo essa expressão, porque aprendizagem pedagogicamente correta pareceria truísmo. Tendo em vista o instrucionismo prevalente, é urgente reconstruir essa noção, colocando a pedagogia na rota da aprendizagem. É nessa rota que pedagogia precisa adquirir o *status* de curso mais importante da universidade hoje, pois nela se define o que é aprender. Os outros cursos seguem. Assim sendo, a aprendizagem deveria ser primorosa, inequívoca, generosa. Para tanto, precisa deixar para trás um passado comprometido com o instrucionismo da aula feita para repassar conteúdos, redefinindo-se profundamente como curso modelo de aprendizagem. Para contribuir com tal desafio, construo aqui alguns aportes preliminares em torno do que seria "aprender bem".

6.1.1 Aprender bem implica algumas dinâmicas entrelaçadas. Podemos começar com as mais antigas, do pai da pedagogia, Sócrates, que, em sua ***maiêutica***, primava por relacionamentos emancipatórios, também visíveis no termo "educação" em sua etimologia latina (retirar de dentro), colocando o professor como referência promotora da autonomia e autoria dos alunos (DEMO, 2002; 2004c). Nesse mesmo contexto, podemos citar Paulo Freire e sua politicidade (DEMO, 2002a), que distinguia entre o tipo de influência que promove a emancipação e outra que a impede. A relação pedagógica sempre se dá num campo de forças, porque se trata de entidades que se confrontam também. A chance de o professor oprimir o aluno é maior do que a contrária, obviamente. O professor, por isso, precisa ter a qualidade e compromisso de configurar tal campo de forças dialéticas em favor do aluno (DEMO, 2008a).

Essa noção pedagógica de dentro para fora reapareceu com veemência na visão autopoiética (MATURANA; VARELA, 1994; MATURANA, 2001), referenciando-a a todo ser vivo, não apenas ao ser humano. Reconhece-se aí cientificamente o que Sócrates antevira intuitivamente: a relação pedagógica somente é correta se estabelecer relacionamentos nos quais todos são sujeitos, aluno e professor. O campo de forças envolve sujeitos válidos, não clivagens entre opressor e oprimidos. Essa capacidade de autoformação, que eclode em autonomia e autoria, constitui o fundamento para atividades reconstrutivas, interpretativas, colocando o aluno na posição de observador autorreferente ativo. Reconhece-se aí que autonomia e autoria são capacidades inscritas na biologia do próprio ser vivo, o que impede processos reprodutivos pela raiz. Maturana chega a afirmar que instruir é impossível: o que entra na mente do aluno só pode entrar por dentro, não de fora, de cima. Papel do professor é, então, de orientação/avaliação, apoio crítico, instigação, no sentido de empurrar o aluno para a autoformação. Em vista disso, repassar conteúdos é pretensão inepta, porque a mente humana não xeroca. Ela sempre reconstrói.

6.1.2 Nessa mesma esteira, as novas tecnologias acentuam o desafio da ***autoria***, oferecendo plataformas virtuais que solicitam a produção de textos e artefatos de tal forma que somente é factível participar na condição de autor. Embora tal efeito não seja, em absoluto, mecânico, automático, é possível ativá-lo sobremaneira, a ponto de a participação de todos ser condição de aprimoramento dos textos, como se propõe na expressão "*social networking*" (dinâmica social em rede) (MASON; RENNIE, 2008). Os ambientes são estruturados de tal modo que a colaboração dos outros se torna imprescindível em sua variedade, diferença, discussão, permitindo que se privilegie a autoridade do argumento. Tais plataformas se aproximam muito da noção de esfera pública de Habermas (1989), porque não é mais possível instituir autoridades indiscutíveis como é o caso do professor instrucionista. No mundo virtual da *web* 2.0 os textos são intrinsecamente discutíveis, comentáveis, perfectíveis, permanecendo sempre a caminho, aberto ao trabalho dos outros.

Ao mesmo tempo, a autoria ganhou novos toques, de um lado, sublinhando enfaticamente sua importância na formação das pessoas e comunidades, e, de outro, restringindo o individualismo das autorias ensimesmadas, chegando-se mesmo a questionar o *copyright*. Como tudo é "miscelâneo" (WEINBERGER, 2007), todo texto digital, feito de pedaços e aos pedaços (BOGOST, 2006), permanece plástico, passageiro, tornando-se tanto mais relevante quanto mais contiver participação dos outros. Se isso já é um "novo modo de produção" (BENKLER, 2006), ainda é cedo para afirmar. Mas um produto como a wikipedia acena para tal horizonte, no sentido de que sua qualidade acadêmica reconhecida advém de inúmeros autores individuais que, ao final, não reivindicam nenhuma autoria individual. O mais importante, porém, é o reflexo pedagógico desse tipo de produção coletiva e aberta: não havendo autoridade propriamente, já não vale o argumento de autoridade; somente a autoridade do argumento, permitindo que se ensaie o tipo de cidadania com que sempre temos sonhado: aquela que sabe pensar, usando a força sem força do melhor argumento, para convencer sem vencer. Trata-se, pois, de autorias abertas, oferecidas à discussão pública, na expectativa do jogo aberto do melhor argumento.

Ao mesmo tempo, esse tipo de ambiente diluiu asperamente a teoria única, oficial, obrigatória, porque não sabe aprender. No mundo acadêmico essa repercussão mexeu com os nervos de muitos, acostumados que estavam a pontificar solitariamente sobre as cabeças alheias. Como o questionamento autoquestionador se tornou regra, todas as "autoridades" passaram a ser atingíveis pela desconstrução e reconstrução, como qualquer texto virtual. Morre o autor tradicional, dono de um texto do qual se apropriou indevidamente, por ser, no fundo, um produto cultural comum. Nasceu um novo autor, disponível, atingível, mortal, que sobrevive da autoridade do argumento. Esse efeito buscamos em experiências de alfabetização de crianças com computador: tornando-se elas autoras em plataformas da *web* 2.0, aprendem de maneira rápida e eficiente a argumentar e contra-argumentar, a fundamentar sem serem donas da verdade (DEMO, 2008), a produzirem algo como "*remix*", feito de pedaços reconstituídos e participados. Aí também a alfabetização, além de se tornar plural, se dá menos tensa, porque a criança desenvolve com o computador um relacionamento de parceria fácil.

Ainda, a *web* 2.0 traz em sua face o signo da provisoriedade. No momento parece ser sensacional, para daqui a algum tempo tornar-se referência comum, como tudo em tecnologia. Por isso, não cabe exagerar sua importância, também para não esconder limitações e riscos (MASON; RENNIE, 2008). Não poderia ser apenas o próximo modismo. Ao lado de infinitas potencialidades, pode sempre ser usada para banalidades sem conta ou amadorismos fúteis (KEEN, 2008). Embora possa ser preocupação relativamente passageira, causa apreensão o fato de que os textos multimodais tendam a ser abreviados (para caberem na tela, ou não serem difíceis de manejar/baixar), que se preferiam resenhas curtas à leitura completa de textos mais exigentes, que o plágio tenha se tornado prática comum em todos os níveis, que compadrios tribais escondam acordos tácitos em vez da esfera pública marcada pela autoridade do argumento, que o *remix* tenda tanto para expressões apressadas e superficiais. No entanto, cabe também reconhecer que estão surgindo "novas epistemologias", no sentido de que a construção do conhecimento passa por outros ritos e procedimentos, nos quais tanto epistemologia, quanto tecnologias se defrontam reciprocamente, procurando uma acomodação (HAYLES, 2008). Por exemplo, a preferência pela construção coletiva de conhecimento implica alguma acomodação, tendo, de um lado, a apreensão frente à fácil mediocridade dos consensos, e, de outro, o entusiasmo pela interação cada vez mais abrangente (DEMO, 2002).

6.1.3 Aprender bem só pode ocorrer em ambientes em que o ***aluno se torna o centro*** das atenções e permanece ativo, envolvido, participativo. Por vezes, confunde-se esse desafio com "motivação", também porque já existe uma "indústria da motivação", tocada por profissionais que se especializam em produzir emoções fortes. O que as teorias sugerem é que não se aprende sem envolvimento profundo (DAMÁSIO, 1996; GOLEMAN, 2001) ou sem situar os conteúdos na vida do estudante, ou sem referência significativa adequada. As pessoas se interessam por aquilo que lhes dizem respeito ou lhes signifiquem algo relevante. Nesse sentido, colocar o aluno no centro tem causado alguma confusão, tais como:

a) parece óbvio que é necessário partir do aluno, para tê-lo como sujeito, respeitando sua origem, cultura, condição socioeconômica, desejos e expectativas, conhecimentos prévios; as abordagens devem, por isso, ser multiculturais (HARDING, 1998), e isso vale em particular para as políticas de "inclusão"; entretanto, muitas iniciativas, ao partirem dos estudantes, neles ficam, do que resulta facilmente mantê-los parados anos a fio, como é o caso de alfabetizar em três anos, segundo o Ideb; ignora-se aí a proposta de Vygotsky, usada amplamente também no mundo virtual, da "zona de desenvolvimento proximal": para além do que o estudante já pode fazer por si, o professor precisa oferecer novos desafios que ele pode enfrentar sob orientação; ou seja, tão importante quanto partir do aluno, é contribuir para que possa superar sua condição atual;

b) envolvimento não coincide necessariamente com prazer; não cabe dizer que o estudante só aprende com prazer, por mais que aí exista um acerto: aprende-se melhor com prazer; na vida temos também de aprender do sofrimento; esforço, dedicação, disciplina são atributos importantes de quem quer aprender bem; segue que orientar-se pelo prazer imediato, físico, é fútil, porque a motivação maior é a alegria do bom combate, não do bobo alegre; não segue, porém, que o estudante aprende melhor se o fizermos sofrer; o professor precisa saber encantar o aluno, como parte de seu exercício profissional, algo com que não se preocupava antes, por conta da relação autoritária; hoje, de certa forma, o professor precisa merecer o aluno, estar à altura do aluno, ir atrás dele; não se trata de "trocar de culpa" – antes era do aluno, agora é simplesmente do professor;

c) colocar o aluno no centro não é desprestigiar o professor; ao contrário, é colocar o professor em seu devido lugar, como orientador e avaliador substancialmente; por isso, não cabe entender essa ideia como "facilitação", dirigida a oferecer ao estudante apenas o que ele quer, aceita, aprecia; é grande a tentação oriunda do mercado, onde, sendo o cliente quem manda, seu consumo é a regra fatal (HALL, 2000); primeiro, estudante não é propriamente cliente, porque não é, definitivamente, apenas consumidor; a *web* 2.0 destruiu essa fantasia; segundo, havendo, em geral, visível desnível em termos de estágio de formação (professor está ou deveria estar, nisto, além do estudante), cabe ao professor a função de orientação e avaliação, do que segue um relacionamento que não se orienta apenas pelo que o aluno consome; é parte da função docente apresentar desafios exigentes, empurrar o aluno para desempenhos mais elevados, atrair a atenção para estilos mais rebuscados de argumentação e contra-argumentação; no entanto, colocar o aluno no centro significa, sim, retirar o professor do centro, em especial retirar sua aula do centro, embora disso não decorra seu desprestígio;

d) implica essa ideia que o professor necessita construir ambiente adequado de aprendizagem, no qual ambos – professor e aluno – se desempenhem adequadamente no sentido de aprender bem; embora se mantenha a diferença social, não cabe mais manter diferença pedagógica: ambos fazem a mesma coisa, ainda que em estágios diferenciados, ou seja, desconstroem, reconstroem conhecimento; segue, então, que o aluno não vai para a escola/universidade para escutar aula, mas para produzir conhecimento, pesquisar e elaborar; usa-se para esse desafio a expressão *comunidade de aprendizagem*, para indicar que todos fazem parte de um empreendimento comum de construção de conhecimento com sentido formativo;

e) é parte dessa ideia também cuidar não só da qualidade formal, mas igualmente da qualidade política do estudante; não se trata apenas de exercitar método, procedimentos, teorias, no caminho da produtividade científica; trata-se igualmente de questionar conhecimento, a sociedade, economia e cultura, políticas públicas e a própria universidade/escola; não é o caso separar qualidade formal e política, mas cultivá-las num todo só: quando o estudante aprende a apreciar a autoridade do argumento, em vez do argumento de autoridade, não está apenas construindo conhecimento, está, tanto mais, construindo a habilidade de saber pensar para intervir melhor; está "se formando" melhor.

6.1.4 Aprender bem acarreta atitude "***construtiva***", em geral à sombra do construtivismo e em tom modista, para designar que se faz alguma coisa diferente, sem saber definir minimamente. Muitas vezes, construtivismo aparece como o contrário de behaviorismo e cognitivismo, ainda que a distinção com o último seja muito ambígua (JOCHEMS et al., 2004). Na discussão sobre novas alfabetizações tornou-se comum a alegação de atitude construtivista (COIRO et al., 2008), para sinalizar que é preciso rever o instrucionismo, sem, porém, indicar de que propriamente se trata. Há vozes esparsas que apontam para algo além do construtivismo, quase sempre desenhado como conectivismo, embora a alegação seja obscura (MASON; RENNIE, 2008; LESH et al., 2003). De todos os modos, não se escapa de reconhecer a importância da obra piagetiana em suas inúmeras versões (GROSSI, 2004), ainda que a pedagogia, como regra, use o construtivismo apenas como "tinta".

Sob essa rubrica, entram em cena várias indicações úteis para aprender bem, tais como:

a) conhecimento não se repassa, reproduz, mas se constrói, reconstrói, desconstrói, o que já permite distinguir conhecimento e informação: esta, sendo conhecimento congelado, digitalizado, pode ser armazenada, repassada, processada, não, porém, conhecimento, que, sendo dinâmica disruptiva propriamente, só existe como dinâmica (BURKE, 2003); a confusão é comum (BRECK, 2006) e indica a pressa com que se imagina passar do instrucionismo para outra atitude mais construtiva;

b) pode entrar na rubrica do construtivismo também a expectativa de aprendizagem "ativa" (DÍAZ et al., 2007; SUTHERLAND; BONWELL, 1996), para sinalizar a contraposição ao ensino instrucionista que mantém o aluno em posição passiva; na medida, porém, em que se une isso com "ensino" (ensino "ativo"), a confusão se estabelece, já que ensino se insere na tradição facilmente instrucionista, sendo difícil ir além de uma passividade um pouco mais "ativa" (SHARAN, 1994); a noção mais acertada é propor o aluno como protagonista crucial do processo de aprendizagem, mantendo-se o professor na posição maiêutica (JOHNSON et al., 1998; KAGAN, 1996; MILLIS; COTTELL, 1998);

c) costuma-se abrigar sob o construtivismo também a noção de aprendizagem por "problemas", ou por "problematização" (SAVIN-BADEN; WILKIE, 2006), indicando, por outra via, a noção de aprendizagem situada (GEE, 2004), movida pela motivação de o estudante ser desafiado a enfrentar problemas interessantes; em geral, essa ideia aparece com força nos jogos eletrônicos, já que todo jogo "bom" (GEE, 2007) é, de direito e de fato, um "problema desafiador" interessante, capaz de galvanizar a atenção dos jogadores por semanas; embora Piaget apareça nesse contexto também, a figura mais badalada é Vygotsky, por conta do conceito de "zona de desenvolvimento proximal", aplicado às fases de complexidade crescente do jogo (BROOKFIELD; PRESKILL, 1999);

d) quando bem entendido, o construtivismo coaduna-se facilmente com a expectativa de autoria, por conta do repto de construir conhecimento com mão própria; por vezes, confunde-se isso com a noção frouxa de deixar o aluno fazer o que quiser, sem orientação (ou *scaffolding*); para construir conhecimento com qualidade, liberdade é condição crucial como parte do saber pensar; entretanto, liberdade apenas não basta, já que liberdade e abuso da liberdade se parecem muito; para o aluno tornar-se autor entram em cena muitos requisitos, também aqueles que exigem disciplina, dedicação, esforço, e, não por último, talento; todos podem, sem dúvida, construir conhecimento (porque todos possuem o mesmo equipamento: cérebro), mas todos o constroem de modos distintos e com desempenhos diferenciados;

e) faz parte do construtivismo o respeito incondicional à criança que aprende, do que seguem consequências fundamentais: não dar aula, não usar proposta instrucionista, não disciplinar por disciplinar, não impor conteúdos, não deixar o aluno em posição passiva; se lembrarmos que Piaget (1996) proveio da biologia, torna-se tanto mais compreensível levar em conta a estruturação biológica da criança, sempre lúdica, participativa, ativa (NIEMI et al., 2002).

6.1.5 Aprender bem implica ***interatividade***, que une hoje Vygotsky com as novas tecnologias fácil e produtivamente. O interacionismo trouxe a contribuição do contexto cultural, social, familiar do aluno como referência decisiva para sua aprendizagem, acrescentando-se a isso a identidade (BOYD, 2006). A cultura, no entanto, não pode ser um encapsulamento, prendendo o aluno no patamar existencial em que está. Identidade é vista hoje como dinâmica, não como preservação estática (SANTOS, 2006; 2007). Só permanece o que muda, porque mudar é o modo de permanecer (MASSUMI, 2002). Assumindo mudança como constante, o legado cultural é importante não só como referência de preservação, mas como inspiração de mudança imprescindível. As crianças, sobretudo as pobres, precisam de identificação com sua cultura, para poderem agir como sujeitos, mas não precisam menos de inserção na cultura dominante, para poderem usufruir de reais oportunidades. Caso contrário, a inclusão se dará na margem (DEMO, 2003; 2007b). Essa questão é de suma importância em nosso meio, se tomarmos em conta resultados catastróficos da teoria dos ciclos, da progressão automática, da alfabetização em três anos, onde o pobre se identifica, na prática, com sua impotência. Tal visão é muito contraditória, em particular se seu patrono for Vygotsky. Este, ao valorizar a referência cultural, insistia na "zona de desenvolvimento proximal", ou seja, naquilo que o estudante pode fazer com apoio do professor (*scaffolding*), tendo em vista superar suas condições atuais.

Esse desafio tornou-se mais claro na *web* 2.0, porque esta se volta, com força premente, para a construção de autoria. Antes, na *web* 1.0, por assim dizer, a interatividade se reduzia tendencialmente a atitudes passivas de consumo, uso, aproveitamento de materiais digitais. Agora é possível participar ativamente em plataformas que supõem autoria como modo de interagir. Nesse ambiente de "*social networking*" (dinâmica social em rede), a preocupação com autorias proprietárias se reduz ou é mesmo combatida (BENKLER, 2006; SUNSTEIN, 2006), prevalecendo circunstâncias de permuta e compartilhamento, com vistas a processos e resultados cujo "valor agregado" é a contribuição para o conjunto (SAWYER, 2007). Essa chance veio ao encontro da discussão já em voga do trabalho em equipe (IMEL, 1996; JAQUES, 2000; LUOTTO; STOLL, 1996; PALLOFF; PRATT, 2005; TINTO et al., 1994), por mais que trabalhar em grupo também tenha seus problemas (SUNSTEIN, 2006), porque facilmente surge o alinhamento grupal, excluindo outros grupos. De todos os modos, uma plataforma como a *wiki* permite rastrear a participação de cada membro no texto coletivo, de tal sorte que o receio de membros que não contribuem pode ser relativamente afastado. Estabelecendo-se bom comportamento do grupo (HAMBRIDGE, 2000), é possível prevalecer a autoridade do argumento, como é o caso notório da wikipedia. O próprio grupo filtra contribuições impróprias, incompetentes ou predatórias, em nome do bem comum, instalando um modo de produção solidário e produtivo (BENKLER, 2006).

A interatividade levaria, ademais, a valorizar modos próprios de agir das crianças, em especial sua ludicidade (FOYLE, 1995). A aprendizagem virtual pode ter essa vantagem: as crianças veem o computador como um brinquedo com o qual se divertem, ainda que essa percepção não possa encobrir pressas e entusiasmos contraproducentes (MOORE; JONES, 2001; EKLUND, 2001; MCGEE, 2008). Se aceitarmos a ideia de que os jovens aprendem de modos diferentes de gerações passadas (HAYLES, 2008; GEE, 2007), é forçoso reconhecer que sua maneira de interagir é parte integrante de sua aprendizagem. De novo, a interatividade precisa ser ponto de partida, mas não necessariamente ponto de chegada, já que há sempre tipos fúteis de interatividade, como mostram estudos sobre aprendizagem colaborativa (BARKLEY et al., 2005; BOSWORTH; HAMILTON, 1994; BRUFFEE, 1993; KADEL; KEEHNER, 1994; CUSEO, 1996).

6.2 Tecnologicamente correta

Aprendizagem tecnologicamente correta significa aquela que estabelece com tecnologia a relação adequada no sentido de aprimorar a oportunidade de aprender bem (THE GEORGE..., 2002; ALDRICH, 2004; CARLINER; SHANK, 2008). Na situação atual, o terreno está marcado pela resistência ou ausência tecnológica, tendo em vista que a pedagogia ainda não percebeu o desafio ou é induzida a não percebê-lo. Em muitos cursos existem iniciativas aproximadas, como "educação a distância", "informática educativa", uso das TICs etc., mas, em geral, numa visão instrucionista, o que leva a propor as novas tecnologias como recurso para aprimorar a didática tradicional. É comum também o discurso em torno da marca instrumental da tecnologia, quase sempre em sentido pejorativo, para sugerir que sua importância é apenas relativa, ou ainda para ser comprovada. De fato, tecnologia é meio, quase por definição. Mas é simplismo ver apenas isso. Se levarmos em conta que nós mesmos somos tecnologia da natureza, uma prótese surgida no mundo animal dos mamíferos, dotada da habilidade de produzir novas tecnologias, percebemos que a relação não é apenas instrumental, mas substancial. Literalmente, o ser humano é uma tecnologia em evolução na natureza, mantendo, por isso, seu futuro aberto a novas tecnologias e inovações, sendo sua expressão maior a tecnologia cerebral. Mesmo assim, como já apontamos, o cérebro humano não é máquina perfeita, porque essa virtude está fora do alcance da natureza e da história (LEWIS et al., 2000), por mais que abrigue habilidades estupendas autopoiéticas, como pensar, interpretar, comunicar-se etc. Comparando-se com tecnologias mais primitivas, nós somos mais complexos, mas não essencialmente diferentes (WRIGHT, 2000). Somos, pois, para a natureza tanto meio como fim.

Acresce a isso que as novas tecnologias são igualmente "alfabetização", no sentido mais amplo e fundamental de parte da iniciação imprescindível para dar conta dos desafios do século XXI. Não só vieram para ficar. São parte integrante de nosso modo atual de existir e aprender (RUBENSTEIN, 2003; WALKER, 2002). Esse reconhecimento, porém, não pode desandar em panaceia ou determinismo, devendo sempre prevalecer reciprocidade de influência entre aprendizagem e tecnologia (HAYLES, 2008). O problema é que há, no fundo, um confronto desigual entre pedagogia e tecnologia, com ampla vantagem para esta. Tecnologia, sendo modo de existir marcante deste século, passa por cima da pedagogia, não a tomando em conta. Ou seja, as novas tecnologias se impõem com ou sem pedagogia como fato consumado. No lado da pedagogia, a tendência é resistir, ignorar ou depreciar, uma atitude que apenas protela a questão. A assim dita "inclusão digital" torna-se cada dia mais premente, porque se torna signo da pertença ou não pertença ao século XXI. Se for puxada pela tecnologia apenas, o risco de subserviência ao mercado é grave (SANTOS, 2003), impondo-se um estilo de globalização excessivamente homogeneizante. A pedagogia se torna objeto de forças externas que não controla (MOSSBERGER et al., 2003).

Entretanto, a pedagogia também tem sua carta na manga. A inclusão digital mais promissora é aquela feita pela via das alfabetizações, porque nelas as novas tecnologias passam a fazer parte da aprendizagem do professor e do aluno (DIJK, 2005; LEI et al., 2008). Nesse aspecto, as experiências vigentes em geral apontam para iniciativas ineptas, como a instalação de "laboratórios de informática" nas escolas, distribuição de computadores por atacado, oferta de cursos rápidos de informática, programas de informática educativa de tendência instrucionista (para reforçar a didática prevalente), e assim por diante. Todas essas iniciativas se mostraram no mínimo tímidas, porque passam ao largo do desafio propriamente dito: as novas tecnologias, em especial a *web* 2.0, precisam alojar-se na dinâmica da aprendizagem propriamente dita no professor e no aluno. Por exemplo, laboratório de informática na escola não tem dado resultado, porque é uma oferta colateral, eventual, opcional, suplementar: usa quem quer e puder. Não faz parte do currículo, para usar essa referência ambígua. Se a criança se alfabetizar com computador, as tecnologias passam a fazer parte do modo de aprender e, a partir daí, tornam-se constitutivas do processo de aprendizagem permanente (DEMO, 2006; 2007a).

Assim, se as novas tecnologias colocaram a pedagogia contra a parede, esta tem sua chance também de se apresentar como portal principal da inclusão digital. A pedagogia tem ainda outra razão, talvez mais cogente: sendo ela o curso que define aprendizagem, é o curso central da universidade, o curso dos cursos. Não há como discutir o que seria aprender bem sem referência à pedagogia, por mais que possa, no momento, ser o pior exemplo. Todavia, juntando-se essas duas pontas – curso que define aprendizagem e inclusão digital via alfabetizações – pedagogia não só precisa das novas tecnologias, como lhes oferece oportunidade principal para avançar na inclusão digital da maneira mais adequada possível. Em vez do confronto, não se escapa de ter de cooperar. Em toda situação de cooperação estratégica como essa, ambos os lados precisam entrar em cena como sujeitos e negociar posições também pela via da concessão. A pedagogia precisa esquecer a resistência pura e simples, porque é tola ou mesmo ignorante. Não funciona mais procurar subterfúgios para retardar a cooperação. As novas tecnologias, por sua vez, não podem ignorar a pedagogia ou enfurecer-se com seu atraso, porque a parceria parece inevitável, além de desejável. Ocorre que peritos em novas tecnologias não sabem pedagogia e vice-versa, surgindo, então, um diálogo de surdos. Uma pedagogia tecnologicamente correta teria essa pretensão: estabelecer com as novas tecnologias uma cooperação marcada pela reciprocidade respeitosa e produtiva.

6.2.1 Pedagogia tecnologicamente correta coopera na definição da "***aprendizagem virtual***", bem como em suas práticas, tendo como objetivo maior não disputar espaços, mas construir modos virtuais de aprender bem. Pode-se, sim, aprender bem, embora esse resultado não seja automático (GILLESPIE et al., 2007). Ao contrário, precisa ser bem construído. As novas tecnologias avançaram sensivelmente, oferecendo plataformas virtuais mais próximas das expectativas de aprendizagem (MASON; RENNIE, 2008), compatibilizando-se com exigências teóricas e práticas já reconhecidas, como o construtivismo e o interacionismo. O caminho, entretanto, foi tortuoso e acidentado, porque predominou, em geral, a busca de modos facilitados, ajeitados e aligeirados de aprender, como se o computador e a Internet pudessem substituir o empenho reconstrutivo, interpretativo da mente. Ainda hoje é forte a tentação de ver nas tecnologias recursos que facilitam a vida, não que aprofundam a aprendizagem. Como vimos, houve promessas fátuas e esperanças frustradas, seja no sentido de pretender suprimir ou diminuir a necessidade do professor e da aula, ou de encontrar maneiras mais baratas de oferta, ou de aprimorar o instrucionismo e didáticas transmissoras de conteúdos, ou de acesso facilitado a diplomas, e assim por diante. Na prática, nada disso se confirmou, a não ser que é, de fato, possível aprender bem, desde que existam condições adequadas (FINK, 2003).

A discussão, então, deixou um pouco de lado a questão tecnológica, para centrar-se em condições substanciais para se aprender bem (HORTON; HORTON, 2000), com destaque considerável para o papel do professor e do aluno, a par de exigências organizacionais e institucionais. Primeiro, passou-se a perceber que, para o aluno aprender bem, o professor necessita aprender bem (DEMO, 2007c), sendo as instrumentações disponíveis, inclusive tecnológicas, de relevância menor (DUFOUR; EAKER, 1999; DUFOUR et al., 2004). "Ser professor é cuidar que o aluno aprenda" (DEMO, 2004c) – no plano da aprendizagem ambos – professor e aluno – exercem o mesmo papel de aprendiz, ainda que um se encontre em estágios mais avançados. O aluno pesquisa, elabora, lê, se o professor também o fizer. Segundo, é fundamental o papel do aluno como protagonista da aprendizagem (MAEROFF, 2003), não para dispensar o professor, mas para arquitetar um sentido de autonomia não só para aprender, mas sobretudo como condição de aprender (PALLOFF; PRATT, 2005). Sua participação ativa é tão fundamental, que apareceu o termo "*e-tivities*" (SALMON, 2003), indicativo "da chave para a aprendizagem *on line* ativa". Ao lado do papel do professor e do aluno, passou-se a acentuar a importância organizacional e institucional, seja em termos de apoio e orientação para alunos distantes, ou da oferta de materiais criativos e motivadores, ou da engenharia da montagem dos cursos, ou das facilidades de acesso, e assim por diante (ALLEN, 2003; CLARK; MAYER, 2003).

Essa maneira de ver consolidou a percepção de que os problemas não estão propriamente nas tecnologias (por mais que possam "causar" problemas), mas em seu uso. Com elas podemos aprender bem ou mal, dependendo de quem aprende principalmente (WAITZKIN, 2007; CATANIA, 1998). No entanto, observando que tecnologias não são instrumentações neutras (SANTOS, 2003), elas podem ser problema certamente, tanto que o surgimento da *web* 2.0 indica a superação de um tipo de arquitetura de *software* excessivamente voltado para o mero consumo passivo. Quer dizer, podemos ter *softwares* que promovem a participação ativa, ou o consumo passivo. Ainda assim, permanece a percepção de que, se houver adequada aprendizagem, a questão tecnológica não ocupa o primeiro lugar. Por essa razão, as novas tecnologias não inauguraram propriamente novas teorias da aprendizagem, fazendo delas, como regra, apenas uma nova reconstrução. Daí não segue que aprender virtualmente é a mesma coisa que aprender tradicionalmente, porque a própria ambiência tecnológica garante diferenças notáveis, a começar por novos textos multimodais (KRESS; LEEUWEN, 2001; 2005), novas literaturas (HAYLES, 2008), novas maneiras individuais e coletivas de autoria (SUNSTEIN, 2006; TAPSCOTT; WILLIAMS, 2007), novas epistemologias (GOLDBERG, 2000; DEMO, 2001), novos modos de produção solidária (BENKLER, 2006) etc.

Há autores que indicam como ambiente mais promissor de aprendizagem hoje disponível os bons jogos eletrônicos (GEE, 2007; PRENSKY, 2006). Vários seriam os lances de aprendizagem profunda em tais jogos (GEE, 2008): (i) o jogador precisa construir seu avatar, o que pode ser feito com grande criatividade; (ii) regras do jogo podem ser mudadas, a gosto do jogador, aumentando o senso por autoria; (iii) ambientes virtuais podem ser mudados e inventados; (iv) os desafios são levados ao extremo, ainda que sempre existam apoios do tipo "*scaffolding*", com base na teoria do desenvolvimento proximal de Vygotsky; (v) a motivação chega a ser excessiva, provocando dependência; (vi) surge necessidade de pesquisar temas e discutir *on line* tais temas e o próprio jogo, de onde surgem grupos de afinidade que praticam aprendizagem colaborativa; (vii) a situação de jogo inclui, como regra, a habilidade de enfrentar problemas, saber problematizar com perícia, buscar soluções e superar etapas. Embora essa perspectiva possa ser rósea, parece claro que em cenários de bons jogos podem ocorrer modos incríveis de aprendizagem profunda. Observando a "chatice" da escola, torna-se enorme a tentação de pretender transformar aprendizagem em "jogo", o que seria afoito, para dizer o mínimo. Não é assim que tudo na vida se possa fazer de modo divertido, lúdico, como passatempo. As teorias da motivação e emoção não dizem isso. Dizem que, para aprender bem, é mister estar bem envolvido, do que não segue automaticamente que seja algo prazeroso. Os próprios bons jogos incluem essa perspectiva de maneira convincente: o prazer que se retira do jogo provém do desafio, por vezes extremado, quase desesperante, não de facilitações, sobretudo não da alegria do bobo alegre. Assim mesmo, seria sempre interessante que a escola soubesse aprender algo dos cenários dos jogos, pelo menos no sentido do envolvimento profundo (SHAFFER, 2006; WEIGEL, 2002).

Paira um desencontro cada vez mais nítido entre modos escolares de aprender e modos de computador, estes em geral praticados em casa. Visivelmente, a criança prefere os modos caseiros, nos quais se sente bem mais motivada, capaz de iniciativa, interativa e livre. A sensação de pilotar o computador é impagável para ela, enquanto na escola cumpre ordens. Não cabe desconhecer os inúmeros riscos a que está exposta (SETZER, 2008), uma questão quase sempre deixada sob o tapete, mas que pode "azedar" com consequências desastrosas. Embora as crianças detestem ser tuteladas – gostam da Internet porque é um espaço que lhes parece "livre"– os pais ou responsáveis precisam saber agir para prevenir situações comprometedoras. De todos os modos, assim parece que a escola vai ficando para trás, como referência tradicional. Por exemplo, quando a criança descobre o *blog* e consegue desempenhar-se bem nele, construindo textos cada vez mais pretensiosos e adequados, alfabetiza-se bem melhor em casa, tornando-se autora precoce. Na escola, naturalmente, considera tudo antiquado, inclusive a professora. A saída para esse desencontro será inserir na aprendizagem escolar computador/Internet, um desafio que se impõe. Se pensarmos que, na idade adulta, todas as crianças terão de usar computador em suas vidas (não só no trabalho), alfabetizar *à la* antiga ou "artesanalmente" é contribuir para o atraso (PHILIP, 2007).

6.2.2 Espaço eminente da aprendizagem virtual são as ***novas alfabetizações*** ou multialfabetizações (COIRO et al., 2008; KNOBEL; LANKSHEAR, 2007; COPE; KALANTZIS, 2000). A preparação para a vida tornou-se mais exigente por conta de suas complexidades crescentes, tornando a alfabetização antiga mero pressuposto. Ler, escrever e contar significam já muito pouco, embora ainda necessários. Por isso, alfabetização vem agora no plural, sinalizando múltiplas habilidades, em geral chamadas de habilidades do século XXI. Nestas não aparecem apenas reptos digitais, que fazem deles "alfabetização" também, mas outras dimensões, como inglês (*língua franca*), matemática, trabalho em equipe, e assim por diante. Como norma, as exigências são definidas pelo mercado que, tendo se desregulado, a tudo regula (OLIVEIRA; RIZEK, 2007), também as alfabetizações. A sociedade ainda não consegue colocar-se à frente do mercado, para que este se oriente pela cidadania, não o contrário (DEMO, 2004a).

A referência ao mercado tende a reduzir as novas alfabetizações a procedimentos de "treinamento", "instrução", do que resulta reprimir a qualidade política em favor da qualidade formal (SCHANK, 2005; FARREN, 2008). O mercado também quer um trabalhador que sabe pensar, mas apenas pela metade: até à qualidade formal. Questionar o mercado está fora de cogitação. Embora seja sempre possível ver aí não só um problema, mas igualmente uma chance – pela porta da qualidade formal pode entrar a qualidade política, já que não só propriamente isoláveis – há que reconhecer que as novas tecnologias são *stricto sensu* presas do mercado. Há uma ironia que dói: a inovação não provém da sabedoria pedagógica (mesmo quando a pedagogia se diz "pedagogia da transformação" em honra a Paulo Freire), mas da força bruta do mercado. Parodiando Habermas, a inovação não é resultado da força sem força do melhor argumento, mas da pancadaria do mercado. Isso se percebe com crueza nas teses sobre empregabilidade: o trabalhador precisa manter-se "empregável" perante um mercado que define sozinho as chances de emprego. O mercado acabou com regras – a crise financeira do segundo semestre de 2008 mostrou decorrências drásticas dessa desregulação irresponsável – mas mantém o trabalhador rigidamente sob regras.

Todavia, como sempre há alguma esperança, dependendo de como as novas alfabetizações são conduzidas, elas podem abrir horizontes críticos e autocríticos (SPARIOSU, 2004; 2006), uma expectativa muito comum na literatura, ainda que pouco crível (COIRO et al., 2008; BEAN, 1996). Há autores que falam de mudança de "mentalidade" (Quadro a seguir):

Quadro 6.1 *Algumas dimensões da variação entre mentalidades.*

Mentalidade 1	Mentalidade 2
O mundo opera basicamente sobre princípios e lógicas físico/materiais e industriais. O mundo é "centrado" e hierárquico	O mundo crescentemente opera sobre princípios e lógicas não materiais (*e. g.*, ciberespacial) e pós-industriais. O mundo é "descentrado" e "plano"
a) valor está em função da escassez	a) valor está em função da dispersão
b) produção está baseada num modelo "industrial" i) produtos são artefatos materiais e mercadorias; ii) produção está baseada em infraestrutura e unidades e centros de produção (*e. g.*, uma firma ou empresa) iii) ferramentas são principalmente ferramentas de produção	b) uma visão "pós-industrial" de produção i) produtos como serviços capacitadores ii) um foco na participação alavancada e não finita iii) ferramentas são crescentemente ferramentas de mediação e tecnologias de relacionamento
c) a pessoa individual é a unidade de produção, competência, inteligência	c) o foco está crescentemente nos "coletivos" como a unidade de produção, competência, inteligência
d) *expertise* e autoridade estão "localizadas" em indivíduos e instituições	d) *expertise* e autoridade estão distribuídos e são coletivas; expertos híbridos
e) espaço está fechado e vinculado a propósito específico	e) espaço é aberto, contínuo e fluido
f) prevalecem relações sociais do "espaço do livro"; uma "ordem textual" estável	f) relações sociais de emergentes "espaço de mídia digital" são crescentemente visíveis; textos em mudança

Fonte: *LANKSHEAR; KNOBEL, 2007:11.*

A "mentalidade 1", tradicional e ultrapassada, "moderna", no jargão acadêmico (DEMO, 1999), caracteriza-se pela visão positivista da natureza e da sociedade, bem como pela visão industrial de mercado que privilegia a escassez e o individualismo. Impera a "ordem do discurso" do livro (FOUCAULT, 2000), em perspectiva linear e autoritária. Já na "mentalidade 2", "pós-moderna", as relações são fluidas e descentradas, o trabalho imaterial ganha precedência, as estruturas são "dissipativas" (PRIGOGINE, 1996; PRIGOGINE; STENGERS, 1997) e o mercado se orienta pelas dinâmicas do conhecimento disruptivo. Modos coletivos de produzir aparecem, inclusive mais solidários (BENKLER, 2006). A *expertise* mais valorizada não é a individual, mas aquela dispersa no grupo. Nota-se que a "mentalidade 2" estaria mais próxima da qualidade política, ainda que essa perspectiva não decorra automaticamente. A mentalidade 1 se basta com treinamento, enquanto a mentalidade 2 propiciaria chances de formação (STEPHENSON, 2007).

É parte das novas alfabetizações a convicção de que são intermináveis, por conta da noção de aprendizagem permanente (DEMO, 2006). Desconstrói-se a noção antiga de diploma acabado, com o qual se poderia marchar até a aposentadoria. Ao contrário, os espaços formativos, para serem "formativos", precisam ser abertos e inconclusos, como tudo na vida humana. Esse desafio pode ser expressão da crueza do mercado (manter-se empregável), mas pode igualmente ser expressão de uma conquista notável: o direito de aprender sempre (DARLING-HAMMOND, 1997). No entanto, por trás, pairam desigualdades gritantes, já que o acesso a alfabetizações tão qualitativas só poderia ser restrito (HUWS, 2003; BARD; SÖDERQVIST, 2002). De fato, para garantir chance elevada às crianças no sentido de se darem bem na vida, em especial no mercado, não só precisam estudar obstinadamente, como enfrentar custos elevados. Os pais precisam oferecer, entre outras chances, estudo de inglês, acesso de qualidade a computador/Internet, bom manejo da matemática, a melhor escola particular existente, os melhores materiais didáticos disponíveis, intercâmbios de toda sorte (sobretudo passar tempo em país de língua inglesa) etc. Surgem, assim, novas oportunidades, ao lado de novos impasses (DEMO, 2007d). Aprender bem, nesse contexto, eleva o tom consideravelmente, abrangendo âmbito muito mais amplo em termos quantitativos (mais habilidades em jogo) e qualitativos (maiores exigências formais) (LANKSHEAR; KNOBEL, 2006).

6.2.3 O palco privilegiado da aprendizagem virtual, em termos tecnológicos, é a ***web 2.0***. Mais que meros *softwares* novos, trata-se de mentalidade nova, burilada na forja da ***autoria***. À diferença da web 1.0, na qual a atividade básica era de consumo, uso, aproveitamento, em tom passivo, na *web* 2.0 a interatividade produtiva é a regra. Não se trata apenas de interagir, mas de ***interagir como autor***. Mason e Rennie (2008:61) citam 19 modalidades de *software* mais visíveis no mundo virtual: *blogs*, *wikis*, *podcasts*, *e-portfolios*, *social networking*, *social bookmarking*, *photo sharing*, *second life*, *on line forums*, *video massaging*, *e-*

books, instant messaging, skype, games, mashups, mobile learning, RSS feeds, YouTube, adiographics. Como já analisei cada um individualmente acima, não retorno aqui. Tais plataformas estão em processo claramente, devendo-se multiplicar enormemente no futuro próximo, à medida que usuários, expertos e o mercado pressionem o processo de inovação. O ponto alto – talvez em parte surpreendente – é o cultivo da autoria, sob formas muito diferenciadas que vão desde o *remix* mais tosco (quase plágio) até a wikipedia (para citar esse resultado muito declamado). Sob esse ângulo, ocorreu uma guinada radical que, pelo menos em parte, contradita frontalmente a tendência anterior de cariz consumista reprodutivo, a gosto do instrucionismo, mostrando, a cores vivas, como tecnologia não é instrumentação neutra. Ao mesmo tempo, esse movimento deslanchou novos conflitos, em particular de *copyright* e propriedade intelectual (LESSIG, 2004), já que se defrontam dois tipos antagônicos de produção intelectual: o individualista e o coletivo (BENKLER, 2006; TAPSCOTT; WILLIAMS, 2007).

Tomando duas plataformas mais visíveis – *blog* e wiki –, no *blog* subsiste a produção individualizada, já que está sob controle do "*blogger*". No entanto, todo texto aí divulgado está exposto a comentários e a uso da comunidade interessada, induzindo uma espécie de "esfera pública" que traz à baila o interesse comum. Quebra-se a autoridade indiscutível do professor, e com ela, o argumento de autoridade, entrando em cena a autoridade do argumento (DEMO, 2008), que permite convencer sem vencer. Não cabe mais aquela autoria individualista, plantada na propriedade privada, mas aquela que busca ser discutida com colegas e interessados. Já na *wiki* subsiste a contribuição coletiva rastreada, feita de muitos autores que não se conhecem e que pode ter como resultado algo similar à wikipedia, considerada atualmente uma das maravilhas virtuais (GILES, 2005). De novo, embora a autoria individualista naufrague, surge outro tipo de autoria, não menos relevante: aquela orientada pelo patrimônio comum. A contribuição individual, ainda que absolutamente importante, está a serviço do processo e do produto coletivo. O próprio ambiente, se bem cuidado, induz a preferir a autoridade do argumento, porque somente ele pode unir as pessoas em torno de um projeto comum: ideias indiscutíveis não permitem negociar acordos (RADIOKILLS, 2008).

A autoria individualista sofreu duro golpe no mundo virtual das novas tecnologias. Embora seja comum a "sensação" de originalidade entre internautas, pois todos inventam moda, ou assim parece, não se pode esquecer que Internet também é o mundo do plágio, um tormento para professores. O próprio termo usado para os textos virtuais, "*remix*" (WEINBERGER, 2007), expressa essa ambiguidade: tudo não passa de reaproveitamento de outros textos, de originalidade muito relativa, quando não predomina a simples cópia. Aparece em tudo o jogo dúbio da interpretação hermenêutica: toda interpretação já é interpretação e será reinterpretada. O culto ao autor insuperável parece estar recuando, não porque a obra individual (por exemplo, de arte) não mereça apreço, mas porque a obra coletiva merece ainda maior apreço. Fabricar uma sociedade mais igualitária poderia representar a melhor obra de arte de um povo, tecida a todas as mãos. Por isso, o culto à apropriação intelectual de ideias e invenções, a gosto do capitalismo que sempre vê na apropriação privada do lucro o incentivo necessário para produzir, também pode ser questionado, porque está aparecendo na *web* 2.0 um modo solidário de produção, não motivado pelo lucro, mas pelo interesse coletivo. Num texto da wikipedia não se divisa autor individualizado; todos os colaboradores submergem na autoria coletiva sempre aberta, intrinsecamente discutível, disponível. A autoridade do argumento tem uma chance mais clara, porque o argumento de autoridade não subsiste: a comunidade somente se reúne em torno de ideias questionáveis e que produzem consensos falíveis. Podem ser retomados, em nome do bem comum. Todos são autores, porque ninguém o é individualmente. Não há proprietários de ideias, mas colaboradores sempre disponíveis. Como sempre se alude, informação guardada para si ou como propriedade intocável não vale nada. Informação só frutifica, se distribuída. Monopólio impede a inovação. A colaboração coletiva, finalmente, parece ser motivação mais forte que o lucro.

Pode ser boa nova para educadores, aumentando o interesse por ambientes de autoria virtual e tendo como consequência principal renovar a escola (VOSSEN; HAGEMAN, 2007; SOLOMON; SCHRUM, 2007). As crianças podem, no processo de alfabetização, atingir mais rápida e efetivamente níveis surpreendentes de autoria, desde que o objetivo do processo seja de direito e de fato desconstruir, reconstruir textos, de preferência, multimodais. Nos textos individuais deve aparecer o modo peculiar de cada estudante de se expressar; nos textos coletivos a habilidade de negociar consensos e de preferir sempre a autoridade do argumento ao argumento de autoridade. Em ambos os modos, há também preocupações para o educador. Não se pode apenas burilar o lado individual, porque se tornaria individualista (um tipo predatório de autonomia). Não se pode apenas burilar o lado coletivo, porque se apagariam as diferenças e que são tão importantes quanto a igualdade. Organizar esse equilíbrio frágil de individualidade e igualitarismo é engenharia das mais finas para a pedagogia. Temos frequentemente certa repulsa a textos coletivos, por vezes não sem razão. Em nossa cultura, trabalho em grupo é mal afamado, porque é regra que uns trabalham e muitos se aproveitam. Mas essa pecha não pode servir para recuar, assim como o plágio na Internet não pode ser motivo para descartar essa oportunidade. Urge educar as crianças de tal modo a tomarem o texto coletivo com redobrado compromisso. Não cabe desfazer a produção individual, nem a coletiva, mas mesclar, aprimorando o talento individual e o talento coletivo. Precisamos certamente dos dois (MODINE, 2008).

Textos individuais podem ser apenas ideias fixas autoritárias. Textos coletivos podem ser concessões apagadas, consensos que nivelam por baixo. No mundo competitivo do mercado, instiga-se a agressividade individualista, porque o objetivo não é convencer sem vencer, mas vencer de qualquer maneira (SAWYER, 2007). Não será o caso, pelo menos por enquanto, pretender acabar com o *copyri-*

ght, muito menos com obras de arte, cuja originalidade cabe defender. Mas estamos descobrindo, aos poucos e pisando em ovos, que o interesse comum deveria ser mais relevante que o individual, sem, no entanto, interpor dicotomias. A *web* 2.0 pode facilitar esse equilíbrio precário, à medida que oferece chances individuais e coletivas. Referência crucial desses horizontes inovadores é a pretensão de ampliar os espaços públicos da cidadania coletiva que sabe pensar. Quando o resultado compartilhado é o que move o todo, a apropriação privada pode recuar, à revelia da netocracia (BARD; SÖDERQVIST, 2002) e das empresas de comunicação e informação no sentido de encurralar os espaços públicos do mundo virtual em nome da propriedade intelectual. Mas não é menos forte a resistência dos internautas, inclusive *hackers*, no sentido de impedir tal fechamento. Ao contrário do que o mercado liberal preconiza, a propriedade intelectual, longe de favorecer a inovação, a estiola, porque ideias não são propriedade. Assim como seria absurdo imaginar propriedade intelectual de uma cultura, não é possível ser proprietário de uma ideia, já que ter uma ideia é uma dinâmica necessária e naturalmente coletiva em termos culturais. Se Benkler tiver razão, o mercado liberal acaba de produzir seu próprio veneno, ao dar azo a um modo de produção fora do mercado, marcado pela produção social não orientada pelo lucro individualista.

Os mundos virtuais são ambíguos, porque ambiguidade é marca dialética da história humana. Por exemplo, a interatividade pode ser maculada pela pornografia, artefatos violentos, ameaças, futilidades, mercantilismo (TROLLEY et al.; 2006), mas isso não desfaz o argumento. Mais que proibir, as crianças precisam ser educadas para bem usar. Não é porque foram produzidos livros blasfemos que vamos propor impedir a impressão de livros. Ao mesmo tempo, não podemos ignorar a avalanche de plágios via Internet, aguçando a preocupação em torno de seu uso na escola e na universidade. O preço da liberdade é seu abuso. Não segue daí suprimi-la, mas conter o abuso. Mais importante é olhar para frente e divisar novas oportunidades de autoria, entre elas, um dia, poder elaborar uma tese de doutorado com a plataforma *wiki*, coletiva, e, nem por isso, menos criativa... Talvez seja muito mais difícil avaliar, certificar, reconhecer, mas possivelmente será um resultado bem mais importante do que elaborações individuais (PARCHOMA, 2008).

6.2.4 Para não alongar a discussão, agrego ***alguns tópicos*** relacionados à aprendizagem virtual e que representam inovações pertinentes no desafio de aprender bem, do ponto de vista tecnológico (KRAVITZ, 2004; ROSENBERG, 2001; ROSE; MEYER, 2002; WATKINS; CORRY, 2005):

a) surgem espaços crescentes e interessantes de aprendizagem "***informal***", muitas vezes em contraposição à "formal" (escolar, sobretudo), já que o acesso às novas tecnologias não se dá em lugares pré-definidos ou escolares exclusivamente; tendo computador e Internet em casa, a criança aprende informalmente de modo por vezes intenso, mesmo que frequentemente mal conduzido; é equívoco interpor contraposição, pois, na prática, são modalidades complementares (ou deveriam ser), também porque não se tem em mente extinguir a escola (a tese do desaparecimento da escola se desfez), mas recuperá-la como referência crucial da formação das crianças (vai nessa direção a ideia crescente de "escola de tempo integral") (HUFFMAN; HIPP, 2003); o ponto alto da aprendizagem informal é que cada qual e cada sociedade precisam organizar-se em torno do desfio de aprender bem *motu proprio*, não por obra de determinação externa ou de processos institucionalizados; estudar, pesquisar, elaborar passam a ser vistas como atividades cotidianas na vida de quem pretende manter-se atualizado na vida e no mercado (ANSTEY; BULL, 2006; KIST, 2005);

b) a questão "***presencial***" é desafiada profundamente, à medida que se tenta superar o instrucionismo; de fato, presença física obsessiva é exigência docente disciplinar, autoritária, sob a alegação tola de que o aluno somente aprende se escutar aula fisicamente presente; não só se ignoram dados que apontam o aumento de aula como contraprodutivo (DEMO, 2004), como sobretudo se afastam outras oportunidades de aprender sem presença física, comprovadamente úteis, ainda que facilmente abusadas; aprender *anytime eveywhere* torna-se viável, se não necessário, já que o ritmo de aprendizagem precisa ser ordenado pelo próprio interessado, se é que o aluno é o centro, não o professor; de todos os modos, a ***presença virtual*** passa a ser predominante, não para extinguir a física (ambas não se substituem, antes se complementam), mas por conta das facilidades tecnológicas cada vez mais acessíveis pelas crianças e jovens; torna-se difícil, por exemplo, pedir ao estudante que vá até a biblioteca consultar livros e documentos impressos, porque a tendência dele é de "ir para a Internet", sem sair do lugar; pode certamente encontrar muito apoio na Internet (na wikipedia em especial), mas seria atitude reducionista contentar-se com ela; ao mesmo tempo, questiona-se o assim dito "contato pedagógico" sempre lembrado como virtude da aula, já que em ambiente instrucionista não medra pedagogia nenhuma, sem falar que o mundo virtual não tem contato físico (algo sempre indispensável), mas tem contatos virtuais em profusão; pode-se estar sozinho mexendo na Internet, mas nunca se está sozinho nela (PALLOFF; PRATT, 2003);

c) em vista disso, ***educação a distância*** passou a ser vista de outro modo, exceto em ambientes instrucionistas, nos quais se tenta fazer a distância o mesmo que se faz presencialmente (PULLEN, 2006; MOTSCHNIG-PITRIK; JOLZINGER, 2002); com o tempo, o termo vai desaparecer, pelo fato de que distância dificilmente seria uma referência pedagógica (MATHEOS; ARCHER, 2004); aprender implica sempre relacionamento, e pode ser tanto mais qualitativo quanto mais o relacionamento for próximo; ninguém convenceria a uma mãe a educar seu filho a distância, até porque mamar a distância seria impraticável (pelo menos por enquanto); faz parte da condição mamífera a proximidade física, o contato, o afeto; o termo "distância", de um lado, está eivado de ciúmes instrucionistas, porque, na visão docente, não seria bem o que se deveria desejar, tornando-se modalidade tolerável apenas (ROVAI, 2002); de outro, do ponto de vista do mercado, pode comparecer como chance de reduzir custos, abreviar cursos, disciplinar o corpo docente, abranger multidões de estudantes com lucros crescentes (PORTER, 1997; RENNINGER; SHUMAR, 2002); como resultado, cursos a distância continuam mal afamados, não porque não haja solução, mas porque aprendizagem não entra em cena; advindo a presença virtual, a distância torna-se obsoleta, em nome da flexibilidade presencial (WILLIAMS et al., 1999; SIMONSON et al., 2003);

d) ponto alto da aprendizagem virtual é "***motivação***", um tema bastante debatido, já que a simbiose entre criança e computador é flagrante (PRENSKY, 2001), verificada igualmente nos jogos eletrônicos (muitas vezes já obsessivos); é fato crescente que as crianças não apreciam a escola, por verem nela um mundo atrasado e abstrato; é, de fato, difícil encontrar motivação em abstrações; motivação surge em ambientes de envolvimento concreto, nos quais se fazem coisas e processos, se participa e se sente dono da situação (ALDRICH, 2005; GIBSON et al., 2007; SCHNEIDER; EVANS, 2008); alguns autores sugerem que aprendizagem deve ser "situada" (GEE, 2004), indicando que se aprende melhor quando os conteúdos fazem parte da vida dos estudantes, pelo menos virtualmente (BOSS; KRAUSS, 2007); Gee tem em mente precisamente a chance de situar virtualmente, em especial em jogos eletrônicos (2008); no entanto, a oportunidade muito mais próxima de motivar os estudantes em ambientes virtuais não elide a preocupação mundial em torno da indisciplina das crianças e jovens (TIBA, 2007; 2007[a]; CRONE; MACKAY, 2007);

e) discute-se animadamente se as crianças já representariam um ***novo patamar evolucionário neuronal***, já que seu contato com novas tecnologias é parte da própria existência (HAYLES, 2008); a expressão de Prensky (2001) de que crianças são nativas ganhou notoriedade, mas encontra também críticas (OWEN, 2004; OWEN et al., 2006); certamente as crianças não são uma "nova espécie", embora a distância geracional se torne dramática; temos cada vez mais dificuldades de estar à altura das crianças, tamanhas são as diferenças de expectativas; a pesquisa tem mostrado que crianças e jovens aprendem de maneiras não só diferentes das nossas (tradicionais), como por vias diversificadas (DUDERSTADT, 2003; MASON; RENNIE, 2008);[1] apareceu a expressão "*homo zappiens*" (VEEN, 2007; VEEN; VRAKKING, 2007; VEEN, 2008), para indicar, em certo sentido, uma nova espécie, embora o sentido seja apenas de provocar um novo olhar; seja como for, resta-nos o desafio de saber dar conta dos novos desafios postos pela aprendizagem das crianças e jovens (CORDI, 2004; PRESTON, 2004; MARTIN; MADIGAN, 2006).

f) avaliar tornou-se tarefa mais palatável na aprendizagem virtual, por conta dos ambientes da *web* 2.0, surgindo a expressão "***avaliação 2.0***" (ELLIOT, 2007), para indicar compromisso voltado para promover a autoria dos estudantes; menos que avaliar a aprendizagem, trata-se de avaliar *para* aprender bem (MASON; RENNIE, 2008:163); sendo as plataformas da *web* 2.0 algo como "esferas públicas" interativas, processos avaliativos emergem naturalmente, retirando deles, pelo menos em parte, a suspeita de procedimentos suspeitos ou sujos; quem construir um *blog* e colocar nele seus textos, será avaliado naturalmente, porque essa função é parte do negócio; pode-se, então, distinguir mais facilmente entre avaliações que significam contribuição e outras que apenas querem maltratar; ao mesmo tempo, não se cai na esparrela de defender "crítica positiva", porque essa não critica nada (é um pedido sub-reptício, manhoso, de elogio); avaliação pode assumir alguns traços mais democráticos, à medida que é procedimento aberto a todos e mais facilmente tratável pela via da autoridade do argumento (BARRETT, 2006; COATS; STEVENSON, 2006; STIGGINS, 2004); o ponto alto será avaliar a habilidade de autoria, com base nos textos produzidos, em especial multimodais (KRESS; LEEUWEN, 2001; 2005), procedimento que se torna ainda mais pertinente quando feito em plataformas que funcionam como esferas públicas.

6.3 Professor

Em parte pelo menos, o professor está sendo maltratado pelas novas tecnologias, porque é notória sua dificuldade de lidar com elas, agravada pela facilidade

---

1 "Leander e colegas observaram estudantes que estavam em salas de aula *wireless* gastando considerável tempo engajados simultaneamente em múltiplos 'propósitos autosselecionados' durante as aulas. Isto incluía jogar, comprar e baixar música, bem como atividades mais que esperadas como mandar *email*, bater papo, enviar mensagem instantânea e procurar e atualizar *weblogs*. Faziam isso enquanto permaneciam em contato com o que ocorria na sala de aula. Alguns dos estudantes que mais se engajaram em buscar propósitos autosselecionados durante o tempo de aula não acreditavam estar aprendendo menos do que se o fizessem de outro modo. Mesmo quando estavam 'boiando' em suas telas, participavam comprovadamente tanto quanto, se não mais, nas discussões em aula do que seus pares '*on task*'. Dois dos estudantes observados por Leander e colegas postulavam que, serem capazes de ir para outros lugares durante o tempo de aula quando já sabiam sobre a matéria em discussão, aliviava o aborrecimento. Sua capacidade de *multitasking* aparentemente permitia-lhes manter um olho na tarefa da aula, enquanto tangiam outros assuntos" (LANKSHEAR; KNOBEL, 2007:15).

com que os jovens as usam e dominam. Aprendizagem virtual tem encontrado resistências nos docentes, não só como autodefesa e acanhamento, mas igualmente como risco de ônus crescente em termos de trabalho, já que as promessas de facilitações virtuais não vingaram, como regra (BOWER, 2001; JONES; JOHNSON-YALE, 2005; PACHNOWSKI; JURCZYK, 2003; PARKER, 2003); O receio de tornar-se "invisível" (SAMMONS; RUTH, 2007) e com isso perder o contato com alunos e colegas pode ter agravado a resistência docente, em especial sob a pressão crescente do "***professor 2.0***" (TEACHERS 2.0, 2008; TEACHER 2.0, 2008). O que poderia, em outro contexto, ser um charme, a ideia do "professor 2.0" sobrevém como imposição violenta, em parte por conta da atitude autoritária do professor intocável (AMERICAN... 2002; JONES; JOHNSON-YALE, 2005; STEVENS, 2006). Essa é, porém, a situação atual: as novas tecnologias não eliminam o professor; ao contrário, o valorizam extremamente, mas na função de "*coach*". Assim, trata-se de um estilo de valorização que introduz mudanças radicais, para as quais o professor precisa preparar-se, pela razão fundante de que é essencial que entre nesse processo como sujeito, não como objeto arrastado e tragado (WILSON, 2001). Pode incomodar sobremaneira o professor a exposição nas plataformas da *web* 2.0, já que nelas ele se torna figura perfeitamente discutível. Na tradição instrucionista do argumento de autoridade, jamais se esperaria isso. Embora seja uma das maiores conquistas desse tipo de tecnologia (WELLER et al., 2004), muitos professores não se dispõem a engoli-la, buscando subterfúgios infindos para manter o *status quo* (MCSPORRAN; YOUNG, 2004; CHISHOLM, 2006). Preferem continuar acreditando em teoria única, oficial, superior, não tanto porque as teorias assim fossem, mas porque esperam... na contraluz, permanecerem figuras únicas, oficiais, superiores (*Joint Information...*, 2004; 2005).

Em certo sentido, há que "desaprender" a pedagogia (MC WILLIAM, 2005; RUDD et al., 2006), já que no processo de desconstrução e reconstrução incessante de conhecimento, todo *remix* supõe também desfazer alguma coisa. Nesse caso, porém, vê-se pedagogia como um dos cursos mais arcaicos da universidade, porque assoma como antro do instrucionismo. Ainda que essa crítica seja brutal, só faz sentido como primeiro passo: pedagogia é tão fundamental que só nos resta a chance de a resgatar em toda sua verve. A imagem básica é a do professor que aprende bem, a vida toda (CONOLE; FILL, 2005; CONOLE et al., 2006). Precisa estar dotado de formação original irrepreensível (pedagogia/licenciatura), precisa continuar estudando a vida toda, precisa ser exemplo maior para os estudantes, precisa ser literalmente "eterno aprendiz" (BOETTCHER, 2007; YOUNG, 2002).

Olhando para o cenário que se desenha à nossa frente, emoldurado pelas habilidades do século XXI, a marca maior do professor será ***autoria***. Trata-se de mudança radical na definição do professor, a começar pela noção de que docência é derivada, não fundante. Fundantes são pesquisa e elaboração, por conta da autoria. Só se pode dar aula do que se produz, em nome da autoridade do argumento (FOREMAN, 2003). Transmitir, reproduzir, repassar conteúdos tornam-se propostas obsoletas, não só porque fazem parte do passado, mas principalmente porque contradizem a dinâmica mais profunda do que é aprender bem (MITCHELL, 2002). Marcante nesse cenário é que novas tecnologias sinalizam com energia esfuziante o desafio da autoria, relevando na ambiguidade característica as faces da interatividade colaborativa. Estudar, pesquisar, elaborar, para poder fundamentar sem ser dono da verdade (DEMO, 2008; 2008a) e assim contribuir para a formação do aluno (conjugando qualidade formal e política), são expectativas do professor que aprende bem. Embora não se possa traçar relação mecânica entre aprendizagem docente e discente, a tendência atual é de estreitar essa vinculação (*BRINGING*..., 2007; DOWNES, 2006; 2007; FISHER et al.; 2006).

A nova geração coloca sobre os ombros do professor desafios novos e inovadores que requerem dele também modéstia suficiente para saber desconstruir-se e, logo, reconstruir-se à altura das crianças e jovens (OBLINGER; OBLINGER, 2005; OBLINGER, 2003; 2004; OBLINGER et al., 2001). Essa mudança corresponde ao que coloca Plant (1999) quando indica que as mudanças profundas se fazem sem controle, como ocorre na natureza. O sistema educacional, em especial o professor, aprecia mudanças que pode controlar, ou que nada mudam efetivamente (RAINES, 2002; KARPATI, 2002). Bastaria lembrar do texto bisonho de Souza (2004), ex-ministro da educação por oito anos do Governo FHC, sobre "revolução gerenciada"! O que nos assusta é que perdemos o controle sobre a nova geração, em parte porque também nos suplanta no manejo tecnológico. Não adianta mais comparecer como instrutor, capataz, treinador, porque não há quem nos escute. É preciso encantar os jovens, convencê-los com argumentos palatáveis, chamá-los como parceiros da mesma empreitada, ganhar sua confiança, no que tem papel fatal o bom exemplo de capacidade de inovação. Ao contrário do que se poderia imaginar, porém, as crianças e jovens precisam de nós, como precisam dos pais, dentro da ordem natural das coisas. Nessa ordem natural, contudo, por ser autopoiética, a aprendizagem é de fora para dentro, na condição de participação ativa, interativa, reconstrutiva (EHLERS, 2007; HERRINGTON; OLIVER, 2002; JASINSKI, 2007; JENKINS, 2006; CASEY; WILSON, 2006).

Assim mesmo, o professor é essencial. Uma de suas funções mais nobres é manter sobre tecnologia o olhar arguto crítico e autocrítico, não de resistência, mas de quem sabe pensar (RUBENSTEIN, 2003). Cabe a ele, em grande parte, retirar do cenário o tom de confronto com as tecnologias e seus expertos, substituindo pela atitude de parceria. Para tanto, porém, o professor precisa mergulhar no mundo tecnológico com disposição, porque só se pode questionar bem o que se conhece por dentro (LOHNES; KINZER, 2007). Surge, então, um legado que seria o caso restaurar: saber humanizar as tecnologias, saber fazer delas alavancas de cidadania, depurá-las do assédio do mercado, aprimorar a qualidade política (THOMPSON; MACDONALD, 2005; MOON, 2005; PARKIN, 2005; DIXSON et al., 2006). Na prática, as novas tecnologias não destronaram o professor; ao invés, encontraram seu lugar mais adequado, realçando a nobreza da função maiêutica e autopoiética. Olhando, ainda, do ponto de vista da inclusão digital, torna-se cada dia mais claro que seu papel é o mais decisivo: a inclusão digital mais digna e justa é aquela feita através das alfabetizações, entrando de vez no processo de aprendizagem dos estudantes e professores. No fundo, as novas tecnologias rendem-se à maior tecnologia jamais inventada na espécie humana: aprender bem.

Assim, por mais que mereça críticas, o professor carece principalmente de oportunidade, tanto mais porque é a alavanca maior das oportunidades. Nesse campo, temos ainda quase tudo por fazer, desde refazer sua formação original dentro de um processo de aprendizagem pedagógica e tecnologicamente correta, sua formação permanente, até sustentar sua valorização socioeconômica em nome de sua dignidade na sociedade. As universidades precisam rever radicalmente seus cursos de pedagogia e licenciaturas, para oferecer à sociedade *formadores bem formados*, usando para tanto também as novas tecnologias (ARMENTANO, 2007; CROSS, 2007; PRESS; WASHBURN, 2000). O problema é que as universidades não estão conseguindo apresentar-se como instituições desse século, apegadas que estão a didáticas instrucionistas obsoletas, sem falar no modelo insustentável de mero ensino (DUDERSTADT, 2003; VOVIDES et al., 2007). Os professores nela formados saem à sua imagem e semelhança (WOODS; EBERSOLE, 2003): sabem apenas dar aula, uma aula que não tem origem em produção própria. Não são autores.

O acesso a novas tecnologias nem sempre é fácil para professores, sobretudo quando ganham muito mal. Dispor de computador atualizado e Internet de banda larga deveria ser equipamento comum docente, tanto quanto andar com uma caneta à mão (LEI et al., 2008). Mas isso é apenas começo. O importante é que o professor se insira no contexto da *web* 2.0 como autor visível e criativo, passando a fazer parte desse tipo de esfera pública. Autoria precisa tornar-se compromisso cotidiano, porque é o que funda o professor. Não aula. Embora não se possa visualizar a *web* 2.0 como panaceia, muito menos como ponto de chegada (é apenas transição, como tudo em tecnologia), esse tipo de plataforma desafia o professor no que há de mais fundamental para sua profissão: autoria (KVAVIK; CARUSO, 2005).

Conclusão

Aprendizagem virtual veio para ficar. Não apaga outros modos de aprender, mesmo tradicionais, mas vai se impondo como modo dominante. Tem tudo para ser apenas modismo, mas pode igualmente tornar-se oportunidade alargada para todos. Embora sob pressão da marginalização digital (*digital divide*) (DEMO, 2007d), que muitos autores analisam como processo que se agrava (DIJK, 2005; MOSSBERGER et al., 2003), as oportunidades aparecem, nem que seja como inclusão marginal, porquanto o computador e a Internet se prenunciam em todos os cantos. Estando sob a batuta do mercado, não se pode, a rigor, falar de acesso democrático para todos. Mesmo assim, pesa sobre nós o desafio urgente da inclusão digital, a começar pelas alfabetizações. Nosso atraso é marcante, tanto porque não fazemos bem à alfabetização tradicional, quanto porque mal começamos a nos preocupar com o acesso do aluno ao computador nas escolas. Seria afoito pretender que as escolas públicas, de um golpe, adotem computador um a um. Não temos máquinas, não temos professores, não temos infraestrutura eletrônica, não temos ambientes escolares. No entanto, precisamos começar seriamente a pensar no caso. No mínimo, as escolas de tempo integral deveriam nascer já tecnologicamente corretas. Na prática é um desperdício manter a criança o dia todo na escola para fazer o tradicional. Para que possam aprender o dia todo, sobretudo para que se supere o instrucionismo avassalador, é fundamental reconfigurar o compromisso de aprender bem e este não se desenha mais sem as novas tecnologias.

Cuidado maior, no entanto, merecem os ***professores***. Não se faz uma escola renovada com professores tradicionais. A experiência de escolas integrais anteriores mostrou isso à saciedade. É imprescindível formar professores especialmente para essa tarefa. Se eles não sabem aprender bem com as novas tecnologias, nada de novo vai ocorrer com os alunos. No milênio da aprendizagem – mais um modismo! – o desafio maior sequer é a população como tal. É o professor. Figura emblemática, estratégica, crucial da inclusão de toda sociedade nas habilidades do século XXI, precisa ser retomada com devido respeito e aposta (DEMO, 2007c). Pedagogia, em geral saco de pancadas dos críticos da educação nacional, é o curso mais importante da universidade, porque define o que é aprender bem. Os outros cursos seguem. Afinal, pedagogia é a engenharia mais fina jamais inventada pela espécie humana. Agora vem ainda mais incrementada pelo apoio que recebe das novas tecnologias, conclamando a todos os pedagogos a serem autores inequívocos para poderem fazer de cada aluno um autor.

Bibliografia

A MASHUP WHICH LOCATES good quality, free online course material from universities worldwide including Harvard and MIT. Both video and audio content available. 2008. Disponível em: <http://www.wayfaring.com/maps/show/10585>.

A QUICK START GUIDE FOR EDUCATOR. 2008. Disponível em: <http://weblog-ed.com/>.

A SAMPLE OF WIKIPEDIA, Google, Wordtraker, and Yahoo! Mashup. 2008. Disponível em: <http://www.wordsfinder.com>.

ALDRICH, C. *Simulations and the future of learning*. New York: Pfeiffer, 2004.

__________. *Learning by doing*. New York: Pfeiffer, 2005.

ALLEN, M. W. Michael Allen's Guide to E-Learning. New York: Wiley, 2003.

AMERICAN ASSOCIATION OF UNIVERSITY PROFESSORS (AAUP), Special Committee on Distance Education and Intellectual Property Issues. 2002. Disponível em: <http://www.aaup.org/AAUP/issues/DE/sampleDE.htm>.

AN EXAMPLE OF HOW A WIKI IS USED TO SUPPORT A BOOK. 2008. Disponível em: <http://digitalwriting.pbwiki.com/>.

ANDERSON, P. *What is Web 2.0?* Ideas, technologies, and implications for education. 2007. Disponível em: <http://www.jisc.ac.uk/media/documents/techwatch/tsw0701b.pdf>.

ANGELL, S. *Bringing the world's languages to Oberlin*. 2005. Disponível em: <http://www.oberlin.edu/news-info/05dec/language.html>.

ANNOTATED BIBLIOGRAPHY ON SECOND LIFE FOR EDUCATION. 2008. Disponível em: <http://web.ics.purdue.edu/~mpepper/slbib>.

ANSTEY, M.; BULL, G. Teaching and Learning Multiliteracies – Changing times, changing Literacies, 2006.

ARMENTANO, T. *Online courses enhance universities*. 2007. Disponível em: <http://terenceonline.blogspot.com/2007/03/online-courses-enhance-universities.html>.

ARONOWITZ, S. *The knowledge factory*: dismantling the corporate university and creating true higher learning. Boston: Beacon Press, 2000.

ASHWIN, A.; PITTS, K.; RAMSDEN, P. *Using RSS news feeds to deliver timely, easily updated content*. 2007. Disponível em: <http://www.skillsforaccess.org.uk/casestudies.php?id=127>

ATTWELL, J.; SAVILLE-SMITH, C. (Ed.). Learning with mobile devices. Learning and Skills Development Agency. 2004. Disponível em: <http://www.m-learning.org/docs/Learning%20with%20Mobile%20Devices%20-20A%20Book%20of%20Papers%20%from%20MLEARN%202003.pdf>.

__________. *Web 2.0 and the changing ways we are using computers for learning*: what are the implications for pedagogy and curriculum? 2007. Disponível em: <http://www.elearningeuropa.info/files/media/media13018.pdf >.

__________. *Mobile technologies and learning* – a technology update and m-learning project summary. 2008. Disponível em: <http://www.m-learning.org/docs/The%20m-learning%20project%20-%20technology%20update%20and%20project%20summary.pdf>.

BARD, A.; SÖDERQVIST, J. *Netocracy* – the new power elite and life after capitalism. London: Reuters, 2002.

BARKLEY, E. F.; CROSS, K. P.; MAJOR, C. H. *Collaborative learning techniques*. New York: Jossey-Bass, 2005.

BARRETO, R. G. (Org.). *Tecnologias educacionais e educação a distância*: avaliando políticas e práticas. Rio de Janeiro: Quartet, 2003.

BARRETT, H. *Authentic assessment with electronic portfolios using common software and web 2.0 tools*. 2006. Disponível em: <http://electronicportfolios.com/web20.html>.

BARTHES, R. *A morte do autor*. 1968. Disponível em: <http://www.facom.ufba.br/sala_de_aula/sala2/barthes1.html>.

__________. *The death of the author*. New York: Hill, 1977.

BATES, A. *Technology, e-learning and distance education*. Abingdon: Routledge, 2005.

BEAN, J. C. *Engaging ideas*: the professor's guide to integrating writing, critical thinking, and active learning in the classroom. San Francisco: Jossey-Bass, 1996.

BECKER, F. *Educação e construção do conhecimento*. Porto Alegre: ARTMED, 2001.

__________. *A origem do conhecimento e a aprendizagem escolar*. Porto Alegre: ARTMED, 2003.

BECTA. Emerging Technologies for learning. 2007 Disponível em: <http://partners.becta.org.uk/page_documents/research/emerging_technologies07.pdf>.

BENKLER, Y. *The wealth of networks*: how social production transforms markets and freedom. New York: Yale Univ. Press, 2006.

BOETTCHER, J. *Ten core principles for designing effective learning environments*: insights from brain research and pedagogical theory. 2007. Disponível em: <http://innovateonline.info/index.php?view=issue>.

BOGATIN, D. *Why facebook is scarier than Google*. 2007. Disponível em: <http://blogs.zdnet.com/micro-markets/?p=1437>.

BOGOST, I. *Unit operations*: an approach to videogame criticism. Massachusetts: The MIT Press, 2006.

__________. *Persuasive games*: the expressive power of videogames. Massachussets: The MIT Press, 2007.

BOLTANSKI, L.; CHIAPELLO, É. *El nuevo espíritu del capitalismo*. Madrid: Akal, 2002.

BOSS, S.; KRAUSS, J. *Reinventing project-based learning*. Washington: ISTE, 2007.

BOSWORTH, K.; HAMILTON, S. J. (Ed.). Collaborative learning: underlying process and effective techniques. *New Directions in Teaching and Learning*, nº 59. San Francisco: Jossey-Bass, 1994.

BOWER, B. *Distance education*: facing the faculty challenge. 2001. Disponível em: <http://www.westga.edu/~distance/ojdla/summer42/bower42.html>.

BOYD, D. *Identity production in a networked culture*: why youth heart myspace. 2006. Disponível em: <http://www.danah.org/papers/AAAS2006.html>.

BRECK, J. *109 ideas for virtual learning*: how open content will help close the digital divide. Oxford: Roman & Littlefield Education, 2006.

BRINGING EDUCATIONAL CREATIVITY TO ALL (BECTA). *Emerging technologies for learning*. 2007. Disponível em: <http://partners.becta.org.uk/index.php?section=rh&rid=13768>.

BROOKFIELD, S. D.; PRESKILL, S. *Discussion as a way of teaching*: tools and techniques for democratic collaborative learning classrooms. San Francisco: Jossey-Bass, 1999.

BROWN J. S.; DUGUID, P. *The social life of information*. Boston: Harvard Business School, 2000.

BROWN, A.; VOLTZ, B. *Elements of effective e-learning design*. 2005. Disponível em: <http://www.irrodl.org/index.php/irrodl/article/view/217/300>.

BROWN, M. *Mashing up the once and future CMS*. 2007. Disponível em: <http://connect.educause.edu/Library/EDUCAUSE+Review/MashinguptheOnceandFuture/40696>.

BRUCE, B. C.; BISHOP, A. P. New literacies and community inquiry. In: COIRO, J.; KNOBEL, M.; LANKSHEAR, C.; LEU, D. J. (Eds.). *Handbook of research on new literacies*. New York: Lawrence Erlbaum Ass., 2008. p. 699-742.

BRUFFEE, K. A. *Collaborative learning*: higher education, interdependence, and authority of knowledge. Baltimore: Johns Hopkins University Press, 1993.

BRUIJN, J.; FENSEL, D.; KERRIGAN, M.; KELLER, U.; LAUSEN, HL.; SCICLUNA, J. *Modeling semantic web services*: the web service modeling language. New York: Springer, 2008.

BUGEJA, M. *Facing the facebook*. 2006. Disponível em: <http://chronicle.com/jobs/news/2006/01/2006012301c.htm>.

BURKE, P. *Uma história social do conhecimento*: de Gutenberg a Diderot. Rio de Janeiro: Zahar Editores, 2003.

CARLINER, S.; SHANK, P. (Eds.). *The e-learning handbook*: past promises, present challenges. New York: Pfeiffer, 2008.

CASEY, J.; WILSON, P. *A practical guide to providing flexible learning in further and higher education*. Quality assurance agency of Higher Education. 2006. Disponível em: <http://trustdr.ulster.ac.uk/outputs/flexDeliveryGuide.php>.

CASTELLS, M. *The internet galaxy*: reflections on the internet, business, and society. USA: Oxford University Press, 2003.

CATANIA, A. Charles. *Learning*. London: Prentice-Hall, 1998.

CATLEY, P. *On-line quizzes providing formative feedback*: more valuable than seminar attendance and prior study? 2008. Disponível em: <http://www.heacademy.ac.uk/assets/York/documents/events/conference/2008/Paul_Catley.doc>.

CAUFIELD, C. *Masters of illusion*: the world bank and the poverty of nations. New York: Henry Holt and Company, 1998.

CAVALLO, D. *Emergent design and learning environments*: building on indigenous knowledge. 2000. Disponível em: <http://www.research.ibm.com/journal/sj/393/part2/cavallo.html>.

CHISHOLM, J. *Pleasure and danger in online teaching and learning*. 2006. Disponível em: <http://www.aaup.org/AAUP/pubsres/academe/2006/ND/Feat/chis.htm>.

CLARK, A. *Learning by doing*: a comprehensive guide to simulation, computer games, and pedagogy in e-learning and other educational experiences. Hoboken: Pfeiffer Wiley, 2005.

CLARK, R. C.; MAYER, R. E. *E-learning and the society of instruction*. San Francisco: Pfeiffer, 2003.

COATES, T. *(Weblogs and) the mass amateurisation of (nearly) everything*... 2003. Disponível em: <http://www.plasticbag.org/archives/2003/09/weblogs_and_the_mass_amateurisation_of_nearly_everything/>.

COATS, M.; STEVENSON, A. *Towards outcomes-based assessment*: an unfinished story of triangulation and transformation. 2006. Disponível em: <http://www.open.ac.uk/cobe/docs/ASEASA2006.pdf>.

COIRO, J.; KNOBEL, M.; LANKSHEAR, C.; LEU, D. J. (Eds.). *Handbook of research on new literacies*. New York: Lawrence Erlbaum Ass., 2008.

CONOLE, G.; FILL, K. *A learning design toolkit to create pedagogically effective learning activities*. 2005. Disponível em: <http://eprints.ecs.soton.ac.uk/13710/>.

CONOLE, G.; LAAT, M.; DILLON, T.; DARBY, J. *Student experiences of technologies*. Joint Information Systems Committee (JISC) Final Report. 2006. Disponível em: <http://www.jisc.ac.uk/publications/publications/lxpfinalreport.aspx>.

COPE, B.; KALANTZIS, M. (Eds.). *Multiliteracies*: literacy learning and the design of social futures. New York: Routledge, 2000.

CORDI, J. *Engaging knowledge*: the inference of internet content development and its meaning for scientific learning and research. Toronto: ScarecrowEducation, 2004.

CRAIG, D. *Instant messaging*: the language of youth literacy. 2003. Disponível em: <http://pwr.stanford.edu/publications/Boothe_0203/PWR%20Boothe-Craig.pdf>.

CRONE, I.; MACKAY, K. *Motivating today's college students*. 2007. Disponível em: <http://www.aacu.org/peerreview/pr-wi07/pr-wi07_practice.cfm>.

CROSS, J. *Designing a web-based learning ecology*. 2007. Disponível em: <http://informl.com/2007/01/18/designing-a-web-based-learning-ecology/>.

CROSS, K. P. *Learning is about making connections*. League of Innovation in the Community College, CA: Mission Viejo, 1999.

CUSEO, J. B. *Cooperative learning*: a pedagogy for addressing contemporary challenges & critical issues in higher education. Stillwater: New Forums Press, 1996.

D'SOUZA, Q. *RSS ideas for educators*. 2006. Disponível em: <http://www.teachinghacks.com/wp-content/uploads/2006/01/RSS%20Ideas%20for%20Educators111.pdf>.

DALTON, B.; PROCTOR, C. P. The changing landscape of text and comprehension in the age of new literacies. In: COIRO, J.; KNOBEL, M.; LANKSHEAR, C.; LEU, D. J. (Eds.) *Handbook of Research on New Literacies*. New York: Lawrence Erlbaum Ass., 2008. p. 297-324.

DAMÁSIO, A. R. *O erro de descartes*: emoção, razão e o cérebro humano. Rio de Janeiro: Companhia das Letras, 1996.

DARLING-HAMMOND, L.; SYKES, G. *Teaching as the learning profession*: handbook of policy and practice. New York: Jossey Bass Wiley, 2008.

__________. *The right to learn*: a blueprint for creating schools that work. New York: Jossey-Bass, 1997.

DAVIES, J.; STUDER, R.; WARREN, P. (Eds.). *Semantic web technologies*. New York: Wiley, 2006.

DEACON, Terrence W. *The symbolic species*: the co-evolution of language and the brain. New York: W. W. Norton & Company, 1998.

DEAL, A. *Podcasting*. A teaching with technology white paper. Educause Connect. 2007. Disponível em: <http://connect.educause.edu/files/CMU_Podcasting_Jun07.pdf>.

DECI, E. L.; RYAN, R. M. (Eds.). *Handbook of self-determination research*. The Univ. of Rochester Press, 2002.

DEMO, P. *Desafios modernos da educação*. Petrópolis: Vozes, 1994.

__________. *Pesquisa e construção do conhecimento*: metodologia científica no caminho de Habermas. Rio de Janeiro: Tempo Brasileiro, 1994a.

__________. *Metodologia científica em ciências sociais*. São Paulo: Atlas, 1995.

__________. *Educar pela pesquisa*. Campinas: Autores Associados, 1996.

DEMO, P. *Charme da exclusão social*. Campinas: Autores Associados, 1998.

_________. *Conhecimento moderno*: sobre ética e intervenção do conhecimento. Petrópolis: Vozes, 1999.

_________. *Metodologia do conhecimento científico*. São Paulo: Atlas, 2000.

_________. *Saber pensar*. São Paulo: Cortez, 2000a.

_________. *Educação pelo avesso*: assistência como direito e como problema. São Paulo: Cortez, 2000b.

_________. *Conhecimento e aprendizagem na nova mídia*. Brasília: Plano, 2001.

_________. *Pesquisa e informação qualitativa*. Campinas: Papirus, 2001a.

_________. *Complexidade e aprendizagem*: a dinâmica não linear do conhecimento. São Paulo: Atlas, 2002.

_________. *Politicidade*: razão humana. Campinas: Papirus, 2002a.

_________. *Pobreza da pobreza*. Petrópolis: Vozes, 2003.

_________. *Aprendizagem no Brasil*: ainda muito por fazer. Porto Alegre: Mediação, 2004.

_________. *Sociologia da educação*: sociedade e suas oportunidades. Brasília: LiberLivro, 2004a.

_________. *Pesquisa participante*: saber pensar e intervir juntos. Brasília: LiberLivro, 2004b.

_________. *Ser professor é cuidar que o aluno aprenda*. Porto Alegre: Mediação, 2004c.

_________. *Universidade, aprendizagem e avaliação*. Porto Alegre: Mediação, 2004d.

_________. *Argumento de autoridade × autoridade do argumento*. Rio de Janeiro: Tempo Brasileiro, 2005.

_________. *Leitores para sempre*. Porto Alegre: Mediação, 2005a.

_________. *Éticas multiculturais*: sobre convivência humana possível. Petrópolis: Vozes, 2005b.

_________. *Auto-ajuda*: uma sociologia da ingenuidade como condição humana. Petrópolis: Vozes, 2005c.

_________. Teoria: para quê? *Gestão Org – Revista Eletrônica de Gestão Organizacional*, v. 1, nº 2, maio/ago. 2005, p. 75-84. Disponível em <www.gestaoorg.dca.ufpe.br>.

_________. *Professor do futuro e reconstrução do conhecimento*. Petrópolis: Vozes, 2005e.

_________. *Formação permanente e tecnologias educacionais*. Petrópolis: Vozes, 2006.

_________. Novas (faltas de) oportunidades: chances e angústias virtuais. *Boletim Técnico do SENAC*. v. 33, nº 3, set./dez. 2007, p. 4-17.

_________. *O porvir*: desafio das linguagens do século XXI. Curitiba: Ibpex, 2007a.

_________. *Pobreza política*: a pobreza mais intensa da pobreza brasileira. Campinas: Autores Associados, 2007b.

DEMO, P. *Aposta no professor*. Porto Alegre: Mediação, 2007c.

__________. Marginalização digital: digital divide. *Boletim Técnico do Senac*. v. 33, nº 2, maio/ago. 2007d, p. 5-19.

__________. Novas (faltas de) oportunidades: chances e angústias virtuais. *Boletim Técnico do Senac*. v. 33, nº 3, set./dez. 2007d, p. 4-17.

__________. *Fundamento sem fundo*. Rio de Janeiro: Tempo Brasileiro, 2008.

__________. *Metodologia para quem quer aprender*. São Paulo: Atlas, 2008a.

__________. *Pesquisa: fundamento docente e discente*. Campinas: Unianhanguera, 2008b. (no prelo).

DENNETT, D. C. *Consciousness explained*. New York: Little, Brown, 1991.

__________. *Freedom evolves*. New York: Viking, 2003.

DÍAZ, C. G. C.; CHEGNE, N. L.; LEON, A. F. A.; BURGOS, J. E. C. La enseñanza activa en la educación superior. Univ. Nacional de Cajamarca, 2007.

DIJK, J. A. G. M. *The deepening divide*: inequality in the information society. London: Sage Publications, 2005.

DIXSON, M.; KUKLHOST, M.; REIFF, A. *Creating effective online discussions*: optimal instructor and student roles. 2006. Disponível em: <http://www.aln.org/printable/node/440>.

DORN, S. *Facebook and ethics*. 2007. Disponível em: <http://www.shermandorn.com/mt/archives/001103.html>.

DOWNES, S. *Educational blogging*. 2004. Disponível em: <http://connect.educause.edu/Library/EDUCAUSE+Review/EducationalBlogging/40493>.

__________. *E-learning 2.0*. 2006. Disponível em: <http://www.elearnmag.org/subpage.cfm?section=articles&article=29-1>.

__________. *Learning networks in practice*. 2007. Disponível em: <http://www.twine.com/item/11wkm1713-tt/learning-networks-in-practice-stephen-downes>.

DRISCOLL, M. Hype versus reality in the boardroom: why e-learning hasn't lived up to its initial projections for penetrating the corporate environment. In: CARLINER, S.; SHANK, P. (Eds.). 2008. *The e-learning handbook*: past promises, present challenges. New York: Pfeiffer, p. 29-54.

DUDERSTADT, James J. *A university for the 21st century*. Ann Arbor: The University of Michigan Press, 2003.

DUFFY, P.; BRUNS, A. *The use of blogs, wikis, and RSS in education*: a conversation of possibilities. 2006. Disponível em: <https://olt.qut.edu.au/udf/OLT2006/gen/static/papers/Duffy_OLT2006_paper.pdf>.

DUFOUR, R.; EAKER, R. *Professional learning communities at work*: best practices for enhancing student achievement. National Educational Service, Indiana: Bloomington, 1998.

DUFOUR, R.; DUFOUR, R.; EAKER, R.; KARHANEK, G. *Whatever it takes*: how professional learning communities respond when kids don't learn. Indiana: National Educational Service, 2004.

EDELMAN, G. M.; TONONI, G. *A universe of consciousness*: how matter becomes imagination. New York: Basic Books, 2000.

EDUCATION PODCAST REFLECTION. 2006. Disponível em: <http://booruch.libsyn.com/index.php?post_id=103547>.

EDUCATIONAL USES OF SECOND LIFE. 2008. Disponível em: <http://sleducation.wikispaces.com/educationaluses>.

EHLERS, U. *The "e"*: empowering learners: Myths and realities in learner-oriented e-learning quality. *eLearning papers*. 2007. Disponível em: <http://www.elearningeuropa.info/files/media/media11560.pdf>.

EKLUND, B. *E-learning takes off.* 2001. Disponível em: <http://money.cnn.com/2001/01/26/redherring/herring_elearning/ >.

ELLIOTT, B. *Assessment 2.0*. 2007. Disponível em: <http://www.sqa.org.uk/sqa/22941.html>.

ELLIOTT, S.; RISHEL, T. *An exploratory survey in collaborative software in a graduate course in automatic identification and data capture*. 2007. Disponível em: <http://proceedings.informingscience.org/InSITE2007/IISITv4p153-162Elli372.pdf>.

EVANS, Robert. *The human side of school change*: reform, resistance, and the real-life problems of innovation. S. Francisco: Jossey-Bass, 2001.

EXPLORING THE BLOGOSPHERE. 2008. Disponível em: <http://www.pageflakes.com/oceansurfdude.ashx>.

EXPLORING WIKIS ONLINE. 2008. Disponível em: <http://www.pageflakes.com/oceansurfdude.ashx>.

FABOS, B. The price of information. In: COIRO, J.; KNOBEL, M.; LANKSHEAR, C.; LEU, D. J. (Eds.) *Handbook of research on new literacies*. New York: Lawrence Erlbaum Ass., 2008. p. 839-870.

FARMER, J.; BARTLETT-BRAGG, A. *Blogs @ anywhere*: high fidelity online communication. 2005. Disponível em: <http://www.ascilite.org.au/conferences/brisbane05/blogs/proceedings/22_Farmer.pdf>.

FARMER, R. *Instant messaging*: collaborative tool or educator's nightmare. 2003. Disponível em: <http://www.unb.ca/naweb/proceedings/2003/PaperFarmer.html>.

FARREN, M. *E-Learning and action research as transformative practice*. 2008. Disponível em: <http://www.innovateonline.info/index.php?view=article&id=543&action=synopsis>.

FERIS, S.; WILDER, H. *Uses and potential of wikis in the classroom*. 2006. Disponível em: <http://jmajor.midsolutions.org/?p=144>.

FINK, L. D. *Creating significant learning experiences*: an integrated approach to designing college courses. San Francisco: Jossey-Bass, 2003.

FISHER, T.; HIGGINS, C.; LOVELESS, A. *Teachers learning with digital technologies*: a review of research and projects. 2006. Disponível em: <http://www.futurelab.org.uk/resources/publications-reports-articles/literature-reviews/Literature-Review129/>.

FLICKR vs GOOGLE: educational application analysis. 2008a. Disponível em: <http://eduwithtechn.blogspot.com/2006/10/flickr-vs-google-educational.html>.

FLICKR: teaching and learning possibilities. 2008. Disponível em: <http://ltc.umanitoba.ca/wiki/index.php?title=Flickr>.

FLICKR: what is it and how can I use it? 2008b. Disponível em: <http://www.iriss.ac.uk/node/231>.

FOREMAN, J. *Next generation educational technology versus the lecture*. 2003. Disponível em: <http://net.educause.edu/ir/library/pdf/erm0340.pdf>.

FOUCAULT, M. *A ordem do discurso*. São Paulo: Loyola, 2000.

__________. *A hermenêutica do sujeito*. São Paulo: Martins Fontes, 2004.

FOYLE, H. C. *Interactive learning in the higher education classroom*: cooperative, collaborative, and active learning strategies. Welt Haven, CT: Excellence in the Academy the NEA Professional Library Higher Education Series, 1995.

FREIRE, P. *Pedagogia da autonomia*: saberes necessários à prática educativa. Rio de Janeiro: Paz e Terra, 1997.

__________. *Pedagogia do oprimido*. Rio de Janeiro: Paz e Terra, 2006.

FREITAG, B. (Org.). *Piaget*: 100 anos. São Paulo: Cortez, 1997.

FRIED, R. L. *The game of school*. New York: Jossey-Bass, 2005.

FRIGOTTO, G. *La productividad de la escuela improductiva*. Buenos Aires/Madrid: Miño y D'Ávila, 1998.

GALLOWAY, A. R. *Protocol*: how control exists after decentralization. Cambridge: The MIT Press, 2004.

GARDNER, J. *The intelligent universe*: AI, ET, and the emerging mind of the cosmos. Franklin Lakes: New Page Books, 2007.

GATHERCOAL, P.; LOVE, D.; BRYDE, B.; MCKEAN, G. *On implementing web-based electronic portfolios*. 2002. Disponível em: <http://net.educause.edu/ir/library/pdf/eqm0224.pdf>.

GEE, J. P. *What video games have to teach us about learning and literacy*. New York: Palgrave, 2003.

__________. *Situated language and learning*: a critique of traditional schooling. New York: Routledge, 2004.

__________. *Good video games + good learning*. New York: Peter Lang, 2007.

__________. Being a lion and being a soldier: learning and games. In: COIRO, J.; KNOBEL, M.; LANKSHEAR, C.; LEU, D. J. (Eds.) *Handbook of research on new literacies*. New York: Lawrence Erlbaum Ass., 2008. p. 1023-1036.

GIBSON, D.; ALDRICH, C.; PRENSKY, M. *Games and simulations in online learning*: research and development frameworks. London: Information Science Publishing, 2007.

GILES, J. *Internet encyclopaedias go head to head*. 2005. Disponível em: <http://www.nature.com/nature/journal/v438/n7070/full/438900a.html>.

GILLESPIE, H.; BOULTON, H.; HRAMIAK, A.J.; WILLIAMSON, R. *Learning and teaching with virtual learning environments*. Exeter: Learning Matters, 2007.

GODBOUT, J. T. *O espírito da dádiva*. Rio de Janeiro: FGV, 1999.

GODELIER, M. *O enigma do dom*. Rio de Janeiro: Civilização Brasileira, 2001.

GOLDBERG, K. (Ed.). *The robot in the garden*: telerobotics and telepistemology in the age of the Internet. Massachusetts: The MIT Press, 2000.

GOLEMAN, D. *Inteligência emocional e a arte de educar nossos filhos*. São Paulo: Objetiva, 2001.

__________. *Social intelligence*. New York: Bantam Books, 2006.

GOMES, M. V. *Educação em rede*: uma visão emancipadora. São Paulo: Cortez, 2004.

GORMAN, M. *Jabberwiki*: the educational response. Part II, Britannica Blog. 2007. Disponível em: <http://www.britannica.com/blogs/2007/06/jabberwiki-the-educational-response-part-ii/>.

GORZ, A. *O imaterial*: conhecimento, valor e capital. São Paulo: AnnaBlume, 2005.

GROSSI, E. P. *Por aqui ainda há quem não aprende?* Rio de Janeiro: Paz e Terra, 2004.

__________; BORDIN, J. (Org.). *Construtivismo pós-piagetiano*: um novo paradigma sobre aprendizagem. Petrópolis: Vozes, 1993.

HABERMAS, J. *Consciência moral e agir comunicativo*. Rio de Janeiro: Tempo Brasileiro, 1989.

HALL, B. *E-Learning building competitive advantage through people and technology. Online Forbes.com, Special Advertising Section*, 2000. Disponível em: <www.forbes.com/specialsections/elearning/>.

HAMBRIDGE, S. *Net etiquette*. 2000. Disponível em: <http://www.atra-tr.org/netetiquette.htm>

HAMMOND, T.; HANNAY, T.; LUND, B.; SCOTT, J. *Social bookmarking tools, a general review*. 2005. Disponível em: <http://www.dlib.org/dlib/april05/hammond/04hammond.html>.

HANSEN, M. B. N. *New philosophy for new media*. Cambridge: MIT Press, 2004.

__________. *Bodies in code*: interfaces with digital media. New York: Routledge, 2006.

HARDING, S. *Is science multicultural?* Postcolonialisms, feminisms, and epistemologies. Bloomington and Indianapolis: Indiana University Press, 1998.

__________. *Science and social inequality*: feminist and postcolonial issues. Illinois: Univ. of Illinois Press, 2006.

HARGADON, S. *Web 2.0 is the future of education*. 2008. Disponível em: <http://www.stevehargadon.com/2008/07/web-20-is-future-of-education-talk.html>.

HAYLES, N. K. *My mother was a computer*: digital subjects and literacy texts. Chicago: The University of Chicago Press, 2005.

__________. *Electronic literature*: new horizons for the literary. Indiana: University of Notre Dame Press, 2008.

HELEN BARRETT e-portfolio portal. 2008. Disponível em: <http://electronicportfolios.com>.

HERRINGTON, J. L.; OLIVER, R. *Designing for reflection in online courses*. 2002. Disponível em: <http://elrond.scam.ecu.edu.au/oliver/2002/HerringtonJ.pdf>.

HOFFMAN, J. L.; WU, H.-K.; KRAJCIK, J. S.; SOLOWAY, E. The nature of middle school learner's science content understandings with the use of online resources. In: COIRO, J.; KNOBEL, M.; LANKSHEAR, C.; LEU, D. J. (Eds.) 2008. *Handbook of research on new literacies*. New York: Lawrence Erlbaum Ass., 2008. p. 1049-1076.

HOFFMANN, J. *Avaliar para promover*: as setas do caminho. Porto Alegre: Editora Mediação, 2001.

HORTON, W. Knowledge management: from graveyard to good ideas. In: CARLINER, S.; SHANK, P. (Eds.). *The e-learning handbook*: past promises, present challenges. New York: Pfeiffer, 2008. p. 77-107.

__________; HORTON, K. *E-learning*: tools and technologies. New York: Wiley, 2000.

HUETTE, S. *Blogs in education*. 2006. Disponível em: <http://tep.uoregon.edu/shared/blogswikispodcasts/BlogsInEducation.pdf>.

HUFFMAN, J. B.; HIPP, K. K. *Reculturing schools as professional learning communities*. Toronto: ScarecrowEducation, 2003.

HUWS, U. *The making of a cybertariat*: virtual work in a real world. New York/London: Monthly Review/The Merlin Press, 2003.

IERG ON YOUTUBE. More IERG on YouTube. 2008. Disponível em: <http://www.ierg.net/news-items/more-ierg-on-youtube>.

IMEL, S. (Ed.). Learning in groups: fundamental principles new uses, and emerging opportunities. *New Directions for Adult and Continuing Education*, nº 71, San Francisco: Jossey-Bass, 1996.

INSTANT MESSAGING GETS THE PICTURE. 2008. Disponível em: <http://www.pcworld.com/article/113025/instant_messaging_gets_the_picture.html>.

INTERNATIONAL REVIEW OF RESEARCH IN OPEN AND DISTANCE LEARNING (IRRODL) ON MOBILE LEARNING. 2008. Disponível em: <http://www.irrodl.org/index.php/irrodl/issue/view/29>.

IRIZAGA, K. F. *Alfabetizando de março a dezembro*: relato de uma prática docente. Porto Alegre: Mediação, 2002.

ISKOLD, A. *The social bookmarking faceoff*. 2006. Disponível em: <http://www.readwriteweb.com/archives/social_bookmarking_faceoff.php>.

JAFARI, A.; KAUFMANN, C. (Eds.). *Handbook of research on e-portfolios*. Hershey, PA: Idea, 2006.

JAQUES, D. *Learning in groups*: a handbook for improving group work. London: Kogan Page, 2000.

JASINSKI, M. *Innovate and integrate*: embedding innovative practices. 2007. Disponível em: <http://www.flexiblelearning.net.au/flx/go/home/projectos/2007/newpractices2007/pid/423>.

JENKINS, H. *Confronting the challenges of participatory culture*: media education for the 21st century. 2006. Disponível em: <http://www.digitallearning.macfound.org/atf/cf/%7B7E45C7E0-A3E0-4B89-AC9C-E807E1B0AE4E%7D/JENKINS_WHITE_PAPER.PDF>.

JENSEN, H. J. *Self-organized criticality*: emergent complex behavior in physical and biological systems. Cambridge University Press, 1998.

JEONG, W. *Instant messaging in on-site and online classes in higher education*. 2007. Disponível em: <http://net.educause.edu/ir/library/pdf/eqm0714.pdf>.

JOCHEMS, W.; MERRIËNBOER, J.; KOPER, R. (Eds.). *Integrated e-learning*: implications for pedagogy, technology & organization. London: RoutledgeFarmer, 2004.

JOHNSON, D. W.; JOHNSON, R. T.; SMITH, K. A. *Active learning*: cooperation in the college classroom. Edina, MN: Interaction Book Company, 1998.

JOHNSON, Steve. *Emergence*: the connected lives of ants, brains, cities, and software. New York: Simon & Shuster, 2001.

JOINT INFORMATION SYSTEMS COMMITTEE (JISC). *Effective practice with e-learning*: a good practice guide in designing for learning. 2004. Disponível em: <http://www.jisc.ac.uk/elp_practice.html>.

__________. *Innovative practice with e-learning*: a good practice guide to embedding mobile and wireless technologies into everyday practice. 2005. Disponível em: <http://www.jisc.ac.uk/uploaded_documents/publication_txt.pdf>.

JONES, S.; JOHNSON-YALE, C. *Professors online*: the internet's impact on college faculty. 2005. Disponível em: <http://www.firstmonday.org/issues/issue10_9/jones/index.html>.

KADEL, S.; KEEHNER, J. (Eds.). *Collaborative learning*: a sourcebook for higher education. State College, PA: National Center for Teaching, Learning, and Assessment, 1994.

KAGAN, S. *Cooperative learning*. San Clemente: Kagan Cooperative Learning, 1996.

KAPP, K. *Gadgets, games and gizmos*: informal learning an Nick.com. 2006. Disponível em: <http://karlkapp.blogspot.com/2006/12/gadgets-games-and-gizmos-informal.html>.

KARPATI, A. *Net generation*. 2002. Disponível em: <http://www.elearningeuropa.info/directory/index.php?page=doc&doc_id=1573&doclng=6>.

KEATINGE, M. W. N. D. Great didactic of john amos comenius, setting forth the whole art of teaching all things to all men. Publisher Unknown, 1977.

KEEN, A. *The cult of the amateur*: how blogs, MySpace, YouTube, and the rest of today's user-generated media are destroying our economy, our culture, and our values. New York: Doubleday Business, 2008.

KIRKPATRICK, M. *The flu wiki*: a serious application of new web tools. 2006. Disponível em: <http://marshallk.blogspot.com/2005/07/flu-wiki-serious-application-of-new.html>.

KIST, W. *New literacies in action*: teaching and learning in multiple media. New York: Teacher College Press, 2005.

KITTLER, F. A. *Literature, media, information systems*. Amsterdam: John Johnston, 1995.

__________. *Discourse networks 1800/1900*. Stanford Univ. Press. 1999.

KLEIN, R. G. *The dawn of human culture*. New York: John Wiley & Sons, Inc., 2002.

KNOBEL, M.; LANKSHEAR, C. (Eds.). *A new literacies sampler*. New York: Peter Lang, 2007.

KOPER, R.; TATTERSALL, C. (Eds.). *Learning design*: a handbook on modeling and delivering networked education and training. Heerlen: Springer, 2004.

KOSKO, B. *The fuzzy future*: from society and science to heaven in a chip. New York: Harmony Books, 1999.

KRAVITZ, N. *Teaching and learning with technology*. Oxford: ScarecrowEducation, 2004.

KRESS, G.; LEEUWEN, T. *Multimodal discourse*: the modes and media of contemporary communication. London: Arnold, 2001.

__________; __________. *Reading images*: the grammar of visual design. London: Routledge, 2005.

KUKULSKA-HULME, A.; TRAXLER, J. (Eds.). *Mobile learning*: a handbook for educators and trainers. London: Open & Flexible Learning, 2005.

KURZWEIL, R. *The singularity is near*: when humans transcend biology. New York: Viking, 2005.

KVAVIK, R.; CARUSO, J. *Study of students and information technology*: convenience, connection, control, and learning. 2005. Disponível em: <http://net.educause.edu/ir/library/pdf/ers0506/rs/ers0506w.pdf>.

LANKSHEAR, C.; KNOBEL, M. *New literacies*: changing knowledge and classroom learning. Buckingham: Open University Press, 2003.

__________; __________. *New literacies*: everyday practices & classroom learning. New York: McGraw Hill, 2006.

LEI, J., CONWAY, P. F.; ZHAO, Y. *The digital pencil*: one-to-one computing for children. New York: Lawrence Erlbaum Ass., 2008.

LENHART, A. *How Americans use instant messaging*: pew Internet and American Life Project. 2004. Disponível em: <http://www.pewinternet.org/PPF/r/133/report_display.asp>.

LESH, R.; DOERR, H. M. (Eds.). *Beyond constructivism*. London: Lawrence Erlbaum Ass., 2003.

LESSIG, L. *Free culture*: the nature and future of creativity. London: Penguin Books, 2004.

LEWIS, T.; AMINI, F.; LANNON, R. *A general theory of love*. New York: Random House, 2000.

LIN, N. *Social capital*: a theory of social structure and action. Cambridge Univ. Press, 2002.

LIST OF SOCIAL NETWORK SITES. 2008. Disponível em: <http://en.wikipedia.org/wiki/List_of_social_networiking_websites>.

LIU, A. *The laws of cool*: knowledge work and the culture of information. Chicago: The University of Chicago Press, 2004.

LOHNES, S.; KINZER, C. *Questioning assumptions about students' expectations for technology in college classrooms*. 2007. Disponível em: <http://www.innovateonline.info/index.php?view=article&id=431>.

LOWERISON, G.; ABRAMI, P. C.; LAVOIE, M.-C. Revisiting learning theory for e-learning. In: CARLINER, S.; SHANK, P. (Eds.). *The e-learning handbook*: past promises, present challenges. New York: Pfeiffer, 2008. p. 423-458.

LUOTTO, J. A.; STOLL, E. *Communication skills for collaborative learning*. Dubuque: Kendall/Hung, 1996.

LYNCH, J.; COLLINS, F. *From the horse's mouth*: factors inhibiting and driving innovation in ICT education. 2001. Disponível em: <http://www.aare.edu.au/01pap/lyn01093.htm>.

MADER, S. *Using wiki in education*. 2006. Disponível em: <http://www.scienceofspectroscopy.info/edit/index.php?title=Using_wiki_in_education>.

MAEROFF, G. I. *A classroom of one*: how online learning is changing our schools and colleges. New York: Palgrave Macmillan, 2003.

MAGUIRE, L. *Literature review*: faculty participation in online distance education: Barriers and motivators. 2005. Disponível em: <http://www.westga.edu/~distance/ojdla/spring81/maguire81.htm>.

MANGUEL, A. *Uma história da leitura*. São Paulo: Companhia das Letras, 1996.

MARTIN, A.; MADIGAN, D. (Eds.). *Digital literacies for learning*. London: Facet Publishing, 2006.

MARX, K. *Contribuição para a crítica da economia política*. Lisboa: Estampa, 1973.

MASON, R.; RENNIE, F. *Connection*: learning for the connected generation. New York: Information Age Publishing, 2004.

__________, __________. *E-learning and social networking handbook*: resources for higher education. London: Routledge, 2008.

MASSUMI, B. *Parables for the virtual*: movement, affect, sensation. London: Duke University Press, 2002.

MATHEOS, K.; ARCHER, W. *From distance education to distributed learning surviving and thriving*. 2004. Disponível em: <http://www.westga.edu/~distance/ojdla/winter74/matheos74.htm>.

MATURANA, H.; VARELA, F. *De máquinas y seres vivos*: autopoiesis: la organización de lo vivo. Santiago: Editorial Universitaria, 1994.

__________. *Cognição, ciência e vida cotidiana*. Organização de C. Magro e V. Paredes. Belo Horizonte: Ed. Humanitas/UFMG, 2001.

MAUSS, M. *Ensaio sobre a dádiva*. Lisboa: Edições 70, 1989.

MCCONNELL, D.; LALLY, V.; BANKS, S. *Theory and design of distributed networked learning communities*. 2004. Disponível em: <http://www.networkedlearningconference.org.uk/past/nlc2004/proceedings/symposia/symposium11/mcconnell_et_al.htm>.

MCSPORRAN, M.; YOUNG, S. *Critical skills for online teaching*. 2004. Disponível em: <http://www.naccq.ac.nz/bacit/0203/2004McSporran_OnlineSkills.htm>.

MCWILLIAM, E. *Unlearning pedagogy*. 2005. Disponível em: <http://eprints.qut.edu.au/archive/00004115/>.

MIKA, P. *Social networks and the semantic web*. New York: Springer, 2007.

MILLIS, B. J.; COTTELL, P. G. *Cooperative learning for higher education faculty*. Phoenix: Oryx Press, American Council on Education, 1998.

MITCHELL, L. *Active learning and reflection, higher education academy*. 2002. Disponível em: <http://www.heacademy.ac.uk/hca/resources/detail/briefing_papers/active_learning_and_reflection>.

MODINE, A. *Internet searches stimulate brain more than books*. 2008. Disponível em: <http://www.theregister.co.uk/2008/10/16/internet_stimulates_brain_more_than_books_study/>.

MOE, M. T. *The knowledge web*: people power, fuel for the new economy. San Francisco: Merrill Lynch, 2000.

MOON, J. *Learning through reflection*. 2005. Disponível em: <http://www.heacademy.ac.uk/resources/detail/id69_guide_for_busy_academics_no4_moon>.

MOORE, C.; JONES, M. *Comdex*: e-learning takes stage as next killer app. 2001. Disponível em: <http://www.infoworld.com/articles/hn/xml/01/11/15/011115hnelearnmantra.html>.

MOSSBERGER, K.; TOLBERT, C. J.; STANSBURY, M. *Virtual inequality*: beyond the digital divide. Washington: Georgetown University Press, 2003.

MOTSCHNIG-PITRIK, R.; JOLZINGER, A. *Student-centered teaching meets new media*: concept and case study. 2002. Disponível em: <http://www.ifets.info/journals/5_4/renate.pdf>.

NAAM, R. *More than human*: embracing the promise of biological enhancement. New York: Broadway Books, 2005.

NATIONAL ACADEMIES PRESS. *Browse a selection of e-books*. 2008. Disponível em: <http://www.nap.edu/>.

NEW MEDIA CONSORTIUM. *The horizon report 2007 edition*. 2007. Disponível em: <http://www.nmc.org/horizon/2007/report>.

NICHOLSON, S. *Socialization in the "virtual hallway"*: instant messaging in the asynchronous web-based distance education classroom. 2002. Disponível em: <http://bibliomining.com/nicholson/virthall.html>.

NIEMI, H.; LAUNONEN, A.; REAHALME, O. (Eds.). *Towards self-regulation and social navigation in virtual learning spaces*: proceedings of the European Conference on Educational Research, University of Lisbon, 2002. Disponível em: <http://www.leeds.ac.uk/educol/documents/00002589.htm>.

NOTARI, M. *How to use a wiki in education*: wiki based effective constructive learning. 2006. Disponível em: <http://www.wikisym.org/ws2006/proceedings/p131.pdf>.

O'QUINN, L.; CORRY, M. *Factors that deter faculty from participating in distance education*. 2002. Disponível em: <http://www.westga.edu/~distance/ojdla/winter54/Quinn54.htm>.

O'REILLY, T. *What is web 2.0*. 2005. Disponível em: <http://www.oreillynet.com/pub/a/oreilly/tim/news/2005/09/30/what-is-web-20.html?page=1>.

__________. *Web 2.0 compact definition*: trying again. 2006. Disponível em: <http://radar.oreilly.com/archives/2006/12/web_20_compact.html>.

OBLINGER, D.; OBLINGER, J. (Eds.). *Educating the net generation*. 2005. Disponível em: <http://net.educause.edu/ir/library/pdf/pub7101.pdf>.

__________. *The next generation of educational engagement*. 2004. Disponível em: <http://www-jime.open.ac.uk/2004/8/oblinger-2004-8-disc-paper.html>.

__________; BARONE, C.; HAWKINS, B. *Distributed education and its challenges*: an overview. 2001. Disponível em: <http://www.acenet.edu/bookstore/pdf/distributed-learning/distributed-learning-01.pdf>.

OBLINGER, D. G. *Boomers, gen-xers, and millennials*: understanding the 'new students. 2003. Disponível em: <http://www.educause.edu/apps/er/erm03/erm034.asp>.

OLIVEIRA, F.; RIZEK, C. S. (Orgs.). *A era da indeterminação*. São Paulo: Boitempo, 2007.

OLIVEIRA, J. B. A.; CHADWICK, C. B. *Tecnologia educacional*: teorias da instrução. Petrópolis: Vozes, 1984.

OWEN, M. *The myth of the digital native*. 2004. Disponível em: <http://www.storyboards.org.nz/only_connect/2004/07/myth-of-digital-native.html>.

__________; GRANT, L.; SAYERS, S.; FACER, K. *Social software and learning*. 2006. Disponível em: <http://www.futurelab.org.uk/resources/publications-reports-articles/opening-education-reports/Opening-Education-Report199/>.

OWENS, R. G. (Ed.). *Organizational behavior in education*: adaptive leadership and school reform. New York: Pearson, 2004.

PACHNOWSKI, L.; JURCZYK, J. *Perceptions of faculty on the effect of distance learning technology on faculty preparation time*. 2003. Disponível em: <http://www.westga.edu/~distance/ojdla/fall63/pachnowski64.html>.

PAJARES, F.; URDAN, T. *Self-efficacy beliers of adolescents*. Greenwich: IAP, 2006.

PALLOFF, M.; PRATT, K. *Collaborating online*: learning together in community. New York: Jossey-Bass, 2005.

PALLOFF, R. M.; PRATT, K. *The virtual student*: a profile and guide to working with online learners. San Francisco: Jossey-Bass, 2003.

__________; __________. *Lessons from the cyberspace classroom*: the realities of online teaching. San Francisco: Jossey-Bass, 2001.

PARCHOMA, G. *Adoption of technology enhanced learning in higher education*: influences of institutional policies and practices. Saarbrücken: VDM Verlag Dr. Muller, 2008.

PARKER, A. *Motivation and incentives for distance faculty*. 2003. Disponível em: <http://www.westga.edu/~distance/ojdla/fall63/parker63.pdf>.

PARKER, K. R.; CHAO, J. T. *Wiki as a teaching tool*. 2007. Disponível em: <http://ijklo.org/Volume3/IJKLOv3p057-072Parker284.pdf>.

PARKIN, G. *New paradigms for learning*. 2005. Disponível em: <http://parkinslot.blogspot.com/2005/03/new-paradigms-for-learning.html>.

PARRISH, P. Learning with objects. In: CARLINER, S.; SHANK, P. (Eds.). *The e-learning handbook*: past promises, present challenges. New York: Pfeiffer, 2008. p. 215-240.

PHILIP, D. *The knowledge building paradigm*: a model of learning for net generation students. 2007. Disponível em: <http://www.innovateonline.info/index.php?view=article&id=368>.

PIAGET, J. *Biologia e conhecimento*. Petrópolis: Vozes, 1996.

PLANT, S. *Mulher digital*: o feminino e as novas tecnologias. Rio de Janeiro: Editora Rosa dos Tempos, 1999.

PORTER, L. R. *Creating the virtual classroom*: distance learning with the internet. New York: John Wiley & Sons, Inc., 1997.

PRENSKY, M. *Digital natives, digital immigrants*. 2001. Disponível em: <http://www.marcprensky.com/writing/>.

__________. *Digital game-based learning*. New York: McGraw-Hill, 2001a.

__________. *Don't bother me mom*: i'm learning!. Minnesota: Paragon House, 2006.

PRESS, E.; WASHBURN, J. *The kept university*. 2000. Disponível em: <http://www.theatlantic.com/issues/2000/03/index.htm>.

PRESTON, D. W. (Ed.). *Virtual learning and higher education*. New York: RODOPI, 2004.

PRIGOGINE, I. *O fim das certezas*: tempo, caos e as leis da natureza. São Paulo: Ed. UNESP, 1996.

__________; STENGERS, I. *A nova aliança*. Brasília: Ed. UnB, 1997.

PROJECT GUTENBERG home page. 2008. Disponível em: <http://www.gutenberg.org/wiki/Main_Page>.

PULLEN, J. M. *Scaling up a distance education program in computer science*. 2006. Disponível em: <http://portal.acm.org/citation.cfm?id=1140136&dl=ACM&coll=ACM%CFID=15151515&CFTOKEN=6184618>.

RADIOKILLS. *The ethics of myspace and facebook*. 2008. Disponível em: <http://radiokills.com/2008/02/13/the-ethics-of-myspace-and-facebook/>.

RAINES, C. *Generations at work, managing millennials*. 2002. Disponível em: <http://www.gees.ac.uk/pubs/planet/p14/mpfr.pdf>.

RAINES, L. *The state of blogging*. Pew Internet and American Life Project. 2005. Disponível em: <http://www.pewinternet.org/PPF/r/144/report_display.asp>.

RENNINGER, K. A.; SHUMAR, W. (Eds.). *Building virtual communities*: learning and change in cyberspace. Cambridge University Press, 2002.

ROBBINS, S.; BELL, M. *Second life for dummies*. New York: Kindle Edition, 2007.

ROBBINS, S. L. *Evolution of the learning content management system*. 2002. Disponível em: <http://www.astd.org/LC/2002/0402_robbins.htm>.

ROCHESTER, J. B. *E-learning as a strategic corporate asset*. 2002. Disponível em: <http://hy.gzntax.gov.cn/k//2002-1/679985.html>.

ROSE, D. H.; MEYER, A. *Teaching every student in the digital age*: universal design for learning. 2002. Disponível em: <http://www.cast.org/teachingeverystudent/ideas/tes/>.

ROSENBERG, M. J. *E-learning*: strategies for delivering knowledge in the digital age. New York: McGraw-Hill, 2001.

ROVAI, A. P. *Building sense of community at a distance*. 2002. Disponível em: <http://www.irrodl.org/index.php/irrodl/article/view/79/152>.

ROWE, S.; ELLIS, A.; QUOC BAO, T. *The evolution of audiographics*: a case study of audiographics teaching in a business faculty. 2006. Disponível em: <http://www.ascilite.org.au/conferences/sydney06/proceeding/pdf_papers/p194.pdf>.

RUBENSTEIN, H. *Recognizing e-learning's potential & pitfalls*: technologists and educators must work together to avoid costly mistakes. 2003. Disponível em: <http://findarticles.com/p/articles/mi_hb4858/is_200305/ai_n17900965>.

RUDD, T.; SUTCH, D.; FACER, K. *Opening education*: towards new learning networks. 2006. Disponível em: <http://www.futurelab.org.uk/resources/publications-reports-articles/opening-education-reports/Opening-Education-Report121>.

RÜDEL, C. *A work in progress literature survey on mobile learning and podcasts in education IMPALA Project*. 2006. Disponível em: <http://www2.le.ac.uk/projects/impala/documents/literature%20review_Nov2006_CR.pdf>.

SALMON, G. *E-tivivities*: the key to active online learning. New York: RoutledgeFalmer, 2003.

SAMMONS, M.; RUTH, S. *The invisible professor and the future of virtual faculty*. 2007. Disponível em: <http://itdl.org/Journal/Jan_07/article01.htm>.

SANTOS, B. S. (Org.). *Semear outras soluções*: os caminhos da biodiversidade e dos conhecimentos rivais. Rio de Janeiro: Civilização Brasileira, 2005.

SANTOS, B. S. *Conhecimento prudente para uma vida decente*: "um discurso sobre as ciências" revisitado. São Paulo: Cortez, 2004.

________. *A gramática do tempo*: para uma nova cultura política. São Paulo: Cortez, 2006.

________. *Renovar a teoria crítica e reinventar a emancipação social*. São Paulo: Boitempo, 2007.

SANTOS, Laymert G. *Politizar as novas tecnologias*: o impacto sócio-técnico da informação digital e genética. São Paulo: Editora 34, 2003.

SAVIANI, D. *Pedagogia histórico-crítica*. Campinas: Autores Associados, 2005.

SAVIN-BADEN, M.; WILKIE, K. *Problem-based learning online*. London: Open University Press, 2006.

SAWYER, K. *Group genius*: the creative power of collaboration. New York: Basic Books, 2007.

SCHAFFERT, S.; BISCHOF, D.; BUERGER, T.; GRUBER, A.; HILZENSAUER, W.; SCHAFFERT, S. *Learning with semantic wikis*: proceedings of the first workshop on semantic wikis – from wiki to semantics. 2006. Disponível em: <http://www.salzburgresearch.at/research/publications_detail_e.php?pub_id=246>.

SCHANK, R. C. *Lessons in learning, e-learning, and training*. San Francisco: Pfeiffer, 2005.

SCHNEIDER, S. B.; EVANS, M. A. *Transforming e-learning into ee-learning*: the centrality of sociocultural participation. 2008. Disponível em: <http://www.innovateonline.info/index.php?view=article&id=511&action=synopsis>.

SCHWARTZ, L.; SCHUTTER, A.; FAHRANI, P. ; RUDOLPH, J. *Technical evaluation report*: Internet audio products. 2004. Disponível em: <http://www.irrodl.org/index.php/irrodl/article/viewFile/180/807>.

SCOTT, D. T. *Tempests of the blogosphere*: presidential campaign stories that failed to ignite mainstream media. 2007. Disponível em: <http://web.mit.edu/comm-forum/mit4/papers/scott.pdf>.

SEARCH ENGINE FOR BLOGS. 2008. Disponível em: <http://www.tecnorati.com/>.

SECOND LIFE COMMUNITY CONVENTION. 2008. Disponível em: <http://slconvention.org>.

SECOND LIFE EDUCATION WIKI. 2008. Disponível em: <http://www.simteach.com/wiki/index.php?title=Second_Life_Education_Wiki>.

SEGARAN, T. *Programming collective intelligence*. Cambridge: O'Reilly, 2007.

SENGE, Peter. *Schools that learn*. New York: Doubleday, 2000.

SETZER, V. W. *Deixe as crianças serem infantis*: não lhes permita o acesso a TV, jogos eletrônicos e computadores/Internet! 2008. Disponível em: <http://www.ime.usp.br/~vwsetzer/>.

SHAFFER, D. W. *How computer games help children learn*. New York: Palgrave, 2006.

SHANK, P. Thinking critically to move e-learning forward. In: CARLINER, S.; SHANK, P. (Eds.). *The e-learning handbook*: past promises, present challenges. New York: Pfeiffer, 2008. p. 15-28.

__________. Web 2.0 and beyond: the changing needs of learners, new tools, and ways to learn. In: CARLINER, S.; SHANK, P. (Eds.). *The e-learning handbook*: past promises, present challenges. New York: Pfeiffer, 2008. p. 241-278.

SHARAN, S. (Ed.). *Handbook of cooperative learning methods*. Westport: Greenwood Press, 1994.

SHIRATUDDIN, N.; LANDONI, M.; GIBB, R.; HASSAN, S. *E-book technology and its potential applications in distance education*. 2003. Disponível em: <http://jodi.tamu.edu/Articles/v03/i04/Shiratuddin/>.

SHUEN, A. *Web 2.0*: a strategy guide. Cambridge: O'Reilly, 2008.

SIEMENS, G. *Connectivism*: a learning theory for the digital age. 2004. Disponível em: <http://www.elearnspace.org/Articles/connectivism.htm>.

__________. *ePortfolios, elearningspace*. 2004a. Disponível em: <http://net.educause.edu/ir/library/pdf/eqm0224.pdf>.

SIMONDON, G.; HART, J. *Du mode d'existence des objets techniques*. Paris: Aubier, 2001.

SIMONSON, M.; SMALDINO, S.; ALBRIGHT, M.; ZVACEK, S. *Teaching and learning at a distance*: foundations of distance education. Prentice Hall: Merrill, 2003.

SINGER, P.; SOUZA, A. R. *A economia solidária no Brasil*: autogestão como resposta ao desemprego. São Paulo: Contexto, 2001.

SOLOMON, G.; SCHRUM, L. *Web 2.0*: new tools, new schools. New York: International Society for Technology in Education, 2007.

SOUZA, P. R. *A revolução gerenciada*: educação no Brasil 1995-2002. São Paulo: Pearson/Prentice Hall, 2004.

SPARIOSU, M. I. *Global intelligence and human development*: toward an ecology of global learning. Massachusetts: The MIT Press, 2004.

__________. *Remapping knowledge*: intercultural studies for a global age. New York: Bergham Books, 2006.

STEFANI, L.; MASON, R.; PEGLER, C. *The educational potential of e-portfolios*. Abringdon, UK: Routledge, 2007.

STEPHENSON, K. *What knowledge tears apart, networks make whole*. 2007. Disponível em: Disponível em: <http://www.netform.com/html/ict.pdf>.

STERNHEIMER, Karen. *It's not the media*: the truth about pop culture's influence on children. Oxford: Westview, 2003.

STEVENS, V. *Revisiting multiliteracies in collaborative learning environments*: impact on teacher professional development. 2006. Disponível em: <http://www-writing.berkeley.edu/TESL-EJ/ej38/int.html>.

STIGGINS, R. *New assessment beliefs for a new school mission*. 2004. Disponível em: <http://www.assessmentinst.com/documents/NewBeliefs.pdf>.

STOLL, C. *High tech heretic*: why computers don't belong in the classroom and other reflections by a computer contrarian. New York: Doubleday, 1999.

SUNSTEIN, C. S. *Infotopia*: how many minds produce knowledge. New York: Oxford Univ. Press, 2006.

SUTHERLAND, T. E.; BONWELL, C. C (Eds.). Using active learning in college classes: a range of options for faculty. *New directions for teaching and learning*, nº 67, San Francisco: Jossey-Bass, 1996.

TANIAR, D.; RAHAYU, J. W. *Web semantics and ontology*. London: IDEA GROUP PUBLISHING, 2006.

TAPSCOTT, D.; WILLIAMS, A. D. *Wikinomics*: how mass collaboration changes everything. London: Penguin, 2007.

TEACHER 2.0. 2008. Disponível em: <http://thecleversheep.libsyn.com/>.

__________. *Tired of preparing kids for the industrial age*. 2008. Disponível em: <http://teachers20.com/>.

THE GEORGE LUCAS EDUCATIONAL FOUNDATION. *Edutopia*: success stories for learning in the digital age. New York: Jossey-Bass, 2002.

THE GUARDIAN NEWSPAPER BLOG SECTION. 2008. Disponível em: <http://www.guardian.co.uk/commentisfree>.

THOMPSON, J. *Is education 1.0 ready for web 2.0 students?* 2007. Disponível em: <http://www.innovateonline.info/index.php?view=article&id=393>.

THOMPSON, T. L.; MACDONALD, C. *Community building, emergent design and expecting the unexpected*: creating a quality eLearning experience. 2005. Disponível em: <http://www.sciencedirect.com/science?_ob=ArticleURL&_udi=B6W4X-4GX6J8V-1&_user=10&_rdoc=1&_fmt=&_orig=search&_sort=d&view=c&_acct=C000050221&_version=1&_urlVersion=0&_userid=10&md5=c3984d6b09f5887f9e202f52971854aa.>.

TIBA, Içami. *Disciplina*: limite na medida certa. São Paulo: Integrare Editora, 2007.

__________. *Quem ama, educa!* São Paulo: Integrare Editora, 2007a.

TINTO, V.; LOVE, G.; RUSSO, P. *Building learning communities for new college students*: a summary of research findings of the collaborative learning project. University Park: Pennsylvania State University, National Center on Postsecondary Teaching, Learning, and Assessment, 1994.

TROLLEY, B. C.; HANEL, C.; SHIELDS, L. *Demystifying & deescalating cyber bullying in the schools*: a resource guide for counselors, educators and parents. Booklocker, 2006.

VARELA, F. J.; THOMPSON, E.; ROSCH, E. *The embodied mind*: cognitive science and human experience. Cambridge, Massachusetts: The MIT Press, 1997.

VEEN, W.; VRAKKING, B. *Homo zappiens*: growing up in a digital age. New York: Network Continuum Education, 2007.

__________. *Homo zappiens and the need for new education systems*. 2007. Disponível em: <http://www.oecd.org/dataoecd/0/5/38360892.pdf>.

_________. *Teaching the media generation*: coping with homo zappiens. 2008. Disponível em: <http://bunet.karlsborg.se/sikt/veen_gothenborg.ppt#258,1,Teaching the Media Generation>.

VIDEO MESSAGING. 2008. Disponível em: <http://www.zdnet.co.uk/tsearch/video+messaging.htm>.

VOSSEN, G.; HAGEMAN, S. *Unleashing web 2.0*: from concepts to creativity. New York: Morgan Kaufman, 2007.

VOVIDES, Y.; SANCHEZ-ALONSO, S.; MITROPOULOU, V.; NICKMANS, G. *The use of e-Learning course management systems to support learning strategies and to improve self-regulated learning*. 2007. Disponível em: <http://www.citeulike.org/user/Tomfromhere/article/1267280>.

VYGOTSKY, L. S. *A formação social da mente*. São Paulo: Martins Fontes, 1989.

_________. *Pensamento e linguagem*. São Paulo: Martins Fontes, 1989a.

WAGNER, E. *Enabling mobile learning*. 2005. Disponível em: <http://connect.educause.edu/Library/EDUCAUSE+Review/EnablingMobileLearning/40549>.

WAITZKIN, J. *The art of learning*. New York: Free Press, 2007.

WALKER, L. *E-LEARNING*: JUST IN TIME. 2002. Disponível em: <http://www.writeedge.com/articles/E-learning.asp>.

WALLER, V. *Are we all learning designers now?* 2007. Disponível em: <http://www.whla.co.uk/resources/VW.html>.

WATKINS, R.; CORRY, M. *E-learning companion*: a student's guide to online success. New York: The George Washington University. Houghton Mifflin Company. 2005.

WEIGEL, V. B. *Deep learning for a digital age*: technology's untapped potential to enrich higher education. San Francisco: Jossey-Bass, 2002.

WEINBERGER, D. *Everything is miscellaneous*: the power of the new digital disorder. New York: Times Book, 2007.

WELLER, M. *Blogging workshop*. 2007. Disponível em: <http://nogoodreason.typepad.co.uk/no_good_reason/2007/06/blogging_worksh.html>.

_________. *The Ed Techie*. 2008. Disponível em: <http://nogoodreason.typepad.co.uk/no_good_reason/learning_design/>.

_________; PEGLER, C.; MASON, R. *The use of innovative technologies on an e-learning course*. 2004. Disponível em: <http://rulbii.leidenuniv.nl/MT/BB/archives/sdarticle.pdf>.

WERNECK, H. *Se você finge que ensina, eu finjo que aprendo*. Petrópolis: Vozes, 1993.

WIKIPEDIA. 2008. Disponível em: <http://www.wikipedia.org>.

WILLIAMS, J. B.; JACOBS, J. *Exploring the use of blogs as leaning spaces in the higher education sector*. 2004. Disponível em: <http://www.ascilite.org.au/ajet/ajet20/williams.html>.

WILLIAMS, M. L.; PAPROCK, K.; COVINGTON, B. *Distance learning*: the essential guide. London: Sage Publications, 1999.

WILLINSKY, J. *What open access research can do for Wikipedia*. 2007. Disponível em: <http://www.firstmonday.org/issues/issue12_3/willinsky/index.html>.

WILSON, B. G.; CHRISTOPHER, L. Hype versus reality on campus. In: CARLINER, S.; SHANK, P. (Eds.). *The e-learning handbook*: past promises, present challenges. New York: Pfeiffer, 2008. p. 55-76.

WILSON, C. *Faculty attitudes about distance learning*. 2001. Disponível em: <http://net.educause.edu/ir/library/pdf/eqm0128.pdf>.

WOLF, M. J. P.; PERRON, B. (Eds.). *The video game theory reader*. London: Routledge, 2003.

WOLFRAM, W. *A new kind of science*. Champaign, IL: Wolfram Media, 2002.

WOODS, R.; EBERSOLE, S. *Social networking in the online classroom*: foundations of effective online learning. 2003. Disponível em: <http://www.ucalgary.ca/ejournal/archive/v12-13/v12-13n1Woods-browse.html>.

WRIGHT, R. *Non zero*: the logic of human destiny. New York: Pantheon Books, 2000.

WYMER, K. *The professor as instant messenger*. 2006. Disponível em: <http://chronicle.com/jobs/news/2006/02/2006020701c.htm>.

YOUNG, J. *"Hybrid" teaching seeks to end the divide between traditional and online instruction*. 2002. Disponível em: <http://chronicle.com/free/v48/i28/28a03301.htm>.

YOUTUBE AND CULTURAL STUDIES CLASSROOM. 2006. Disponível em: <http://insidehighered.com/views/2006/11/13/conway>.

ZIMMERMAN, B. J.; BONNER, S.; KOVACH, R. *Developing self-regulated learners*: beyond achievement to self-efficacy. Washington: American Psychological Association, 2003.

ZONA DE DESENVOLVIMENTO PROXIMAL. *Wikipedia*. 2008. Disponível em: <http://pt.wikipedia.org/wiki/Zona_de_desenvolvimento_proximal>.

Formato	17 x 24 cm
Tipografia	Charter 11/13
Papel	Offset Sun Paper 90 g/m² (miolo)
	Supremo 250 g/m² (capa)
Número de páginas	152
Impressão	Prol

qui Cole aqui

Sim. Quero fazer parte do banco de dados seletivo da Editora Atlas para receber informações sobre lançamentos na(s) área(s) de meu interesse.

Nome: ____________________

____________ CPF: ____________ Sexo: ○ Masc. ○ Fem.

Data de Nascimento: ____________ Est. Civil: ○ Solteiro ○ Casado

End. Residencial: ____________________

Cidade: ____________ CEP: ____________

Tel. Res.: ________ Fax: ________ E-mail: ________

End. Comercial.: ____________________

Cidade: ____________ CEP: ____________

Tel. Com.: ________ Fax: ________ E-mail: ________

De que forma tomou conhecimento desse livro?

☐ Jornal ☐ Revista ☐ Internet ☐ Rádio ☐ TV ☐ Mala Direta

☐ Indicação de Professores ☐ Outros: ____________

Remeter correspondência para o endereço: ○ Residencial ○ Comercial

qui

Indique sua(s) área(s) de interesse:

○ Administração Geral / Management
○ Produção / Logística / Materiais
○ Recursos Humanos
○ Estratégia Empresarial
○ Marketing / Vendas / Propaganda
○ Qualidade
○ Teoria das Organizações
○ Turismo
○ Contabilidade
○ Finanças
○ Economia
○ Comércio Exterior
○ Matemática / Estatística / P. O.
○ Informática / T. I.
○ Educação
○ Línguas / Literatura
○ Sociologia / Psicologia / Antropologia
○ Comunicação Empresarial
○ Direito
○ Segurança do Trabalho

Corte aqui

Educação Hoje / Demo

Comentários

____

____

____

ISR-40-2373/83

U.P.A.C Bom Retiro

DR / São Paulo

CARTA - RESPOSTA
Não é necessário selar

O selo será pago por:

editora atlas

01216-999 - São Paulo - SP

REMETENTE:
ENDEREÇO: